Bestimmen mit dem Kosmos-Farbcode

Susanne und Thorsten Dambeck

Mein erstes Welcher Stern ist das?

KOSMOS

Impressum

Umschlaggestaltung von eStudio Calamar, Pau, unter Verwendung von Fotos der NASA

Abkürzungen:
o. = oben; u. = unten; m. = Mitte; l. = links; r. = rechts; die Ziffern beziehen sich auf die Buchseiten

Mit 21 Grafiken von Gunther Schulz: S. 12–33, 56
Mit Kontext-Grafiken und Illustrationen von Wolfgang Lang; S. 6, 10, 12–14, 34, 37, 50
Mit 5 Vignetten von Sigrid Walter

Mit Fotos von:
Esa: Haupttitel; Science & Society Picture Library/David Nunuk (mit freundlicher Genehmigung von Dorling Kindersley): 9 m.; 2MASS/UMass/CalTech/Nasa: 14 r.u., 19 u., 20 u.r., 23 u.l., 33 u.r.; Tony und Daphne Hallas: 15 o.l.; Raimond Spekking: 16 o.l.; Nasa/Hubble Heritage Team: 17 u.l., 27 u.l.; Nasa/Harvard-Smithonian Center: 18 u.r.; Nasa/Esa/STScl: 20 o.r., 21 o.r., 24 u.l.; Nasa/ERO: 22 m.; Nasa/Esa/Aura/CalTech: 25 m.; Davide De Martin/Esa/Eso/Nasa: 26 u.l.; ARC/SDSS: 29 u.l.; Nasa/Univ. of Arizona/CalTech: 31 m.; Nasa/STScl/Aura: 32 u.l.; Nasa/JPL-Caltech/ESA: 34 o.l.; Ralf Künnemann/Wikipedia: 35 u.l.; Nasa/JPL: 36 o.r., 37 o.r.; Nasa/Apollo 17: 36 u.l.; Nasa/JPL/USGS: 38 o.r., 38 m.r.; Nasa/GSFC: 39 o.r.; Nasa: 39 u.l.; Nasa/Esa/STScl: 40 o.l., 40 u.l.; ESA/DLR/FU Berlin (Neukum): 41 o.r., 41 u.l.; Nasa/R. Bebe, A. Simon: 42 u.l.; NASA/JPL/Univ. of Arizona: 43 o.r., 43 m.; HST Comet Team/Nasa: 43 u.l.; Nasa: 44 o.r., 44 m., 45 o.r., 45 m.; ESA/NASA/JPL/Univ. of Arizona: 45 u.r.; E. Karkoschka, Univ. of Arizona/Nasa: 46 o.r.; Nasa/JPL: 46 u.r., 48 o.r.; Nasa/Esa: 47 o.r., 47 u.m.; Dr. Svend Buhl/Wikipedia: 47 l.; Nasa/JPL: 48 o.r.; Univ. of Tokyo/JAXA: 49 m.r.; Nasa Johnson Space Center: 50 u.l.; Nasa: 51 o.l., 51 u.r.; Nasa/ESA/J. Morse, Univ. of Colorado: 52 o.r.; IPHAS Collab/N. Wright, Univ. College London: 52 m.l.; Nasa/Hubble Heritage Team/STcl/AURA: 52 m.r.; Nasa/Esa/STScl/AURA: 53 m.; ESO press foto: 53 u.; Henryk Kowalewski/Wikipedia: 54 o.r.; NRAO/AUI and Ryan Ransom, York Univ.: 54 u.; Nasa/Esa/E. Olszewski, Univ. of Arizona: 55 o.r.; Nasa/Esa/G. Meylan, Ecole Polyt. Fed. d. Lausanne: 55 u.r.; Nasa/STScl/AURA: 57 o.l.; Nasa/Esa/S. Beckwith/STScl/AURA: 57 u.r.; Planetarium Wolfsburg: 58 o.r., 58 u.r.; Space Telescope Science Insitute: 59 o.r.; ESO Press Photo: 59 u.r.

Trotz gewissenhafter Bemühungen ist es dem Verlag nicht gelungen, alle Rechteinhaber zu finden. Wir bitten diese, sich gegebenenfalls mit dem Verlag in Verbindung zu setzen.

Unser gesamtes lieferbares Programm und viele weitere Informationen zu unseren Büchern, Spielen, Experimentierkästen, DVDs, Autoren und Aktivitäten finden Sie unter **www.kosmos.de**

Gedruckt auf chlorfrei gebleichtem Papier

ISBN: 978-3-440-11115-4
Lektorat: Birgit Bramlage
Produktion: Angela List
Layout: Walter Typografie & Grafik GmbH
Printed in Italy

Inhalt

Einleitung

Hallo, liebe Sternfreunde!

Ein funkelnder Sternenhimmel ist ein phantastisches Naturschauspiel. Wer diesen Anblick nicht nur genießen, sondern sich am Himmel auskennen möchte, braucht allerdings etwas Hilfe, denn: Leider wissen die meisten Erwachsenen wenig über die Sterne, Astronomie wird kaum in der Schule gelehrt. Und die Sterne selbst machen es einem auch nicht leicht: Sie wandern die ganze Nacht über den Himmel und stehen jede Nacht an einer etwas anderen Stelle. Da sie jedoch zueinander immer gleich stehen, wie eine Tapete, die langsam vorbeizieht, kann man sie mit ein wenig Übung leicht erkennen.

Dieses Buch ermöglicht dir eine schnelle Orientierung am Himmel. Die Farbleiste zeigt dir, ob du die Sternbilder, die in einem Kapitel besprochen werden, das ganze Jahr über sehen kannst (grün) oder am besten im Winter (gelb) oder im Sommer (orange). Damit du ein Sternbild gut erkennst,

findest du auf jeder Seite eine Sternbild-Karte. Außerdem wird erklärt, wie du ein Sternbild findest. Wenn du außerdem sehen willst, wie das Sternbild zu anderen steht, findest du es auf der Übersichtskarte vorne im Buch.

Wichtige Informationen zu Sonne, Mond und Planeten findest du in den Kapiteln mit der roten Farbleiste. Sonnen- und Mondfinsternisse sind spektakuläre Himmelsereignisse, die jeder leicht beobachten kann. Planeten zu finden ist etwas kniffliger. Auf den letzten beiden Seiten des Buches findest du eine große Infotafel des Sonnensystems.

Bei diesem Symbol wird immer erklärt, wo und wann ein Sternbild gut zu sehen ist und wie du es findest. Achtung: Bei Angaben von Ende März bis Ende Oktober ist die Sommerzeit nicht mitgerechnet, weil sie auch in Sternkarten und dem Kosmos-Himmelsjahr nicht berücksichtigt wird. Du musst also immer eine Stunde dazurechnen.

Nach diesem Symbol steht, was an einem Sternbild besonders ist, wodurch es sich von anderen unterscheidet und was es hier alles zu beobachten gibt.

Interessante Details, die du meist selbst finden kannst, werden in den orangefarbenen ***„Schau genau hin!“***-Kästen beschrieben. Weiterführende Informationen stehen in den ***„Schon gewusst?“***-Kästen.

Sterne innerhalb eines Sternbilds ordnet man anhand des griechischen Alphabets. Der hellste Stern wird immer mit dem griechischen Buchstaben Alpha bezeichnet, der zweithellste Beta, dann kommen Gamma, Delta, Epsilon und so weiter. Also α, β, γ, δ, ε … Viele Sterne haben außerdem Eigennamen. Sind diese sehr bekannt, benutzen wir die Namen anstatt der griechischen Buchstaben.

Einleitung

Willst du sofort loslegen, dann brauchst du zuerst einen geeigneten Platz für die Beobachtung: Du solltest von dort viel Himmel sehen und es darf wenig künstliches Licht geben, also keine Gartenbeleuchtung, Leuchtreklamen oder Straßenlaternen. Außerdem sind Vollmondnächte ungeeignet, weil der Mond so hell strahlt, dass du viele Sterne kaum noch siehst. Gut geeignet ist die Zeit des abnehmenden Mondes. Dann geht der Mond nämlich erst spät auf. Ideal ist natürlich Neumond.

Außerdem sollte die Nacht klar sein, ohne eine Wolke am Himmel, denn selbst wenige Wolken können Sterne verdecken, die für die Orientierung wichtig sind. Am besten ist es, wenn du freien Blick nach Süden hast, denn alle Sternbilder haben dort ihren höchsten Stand. Genau wie Sonne und Mond gehen auch die Sterne im Osten auf und im Westen unter.

Das A und O der Sternbeobachtung ist also, dass man die vier Himmelsrichtungen kennt. Achte mal darauf, wo die Sonne um 12 Uhr mittags steht: Dort ist Süden. Wenn du nun mit dem Gesicht nach Süden stehst, zeigt dein rechter Arm nach Westen, dein linker nach Osten und dein Hinterkopf nach Norden. Wenn du einen Kompass benutzt und mit der Nadel nach Norden schaust, ist es genau umgekehrt: Dann zeigt dein linker Arm nach Westen und dein rechter nach Osten.

Gewöhne dir eine der beiden Varianten an und versuche jetzt, dir möglichst viele Himmelsrichtungen zu merken: In welche Richtung geht das Fenster deines Kinderzimmers oder deines Klassenzimmers? In welche Richtung verläuft die Straße, in der du wohnst? Wenn du zum Beispiel vom Balkon aus die Sterne beobachten willst, musst du wissen, in welche Richtung du schaust.

Sobald du die Wohnung verlässt, um Sterne zu beobachten, musst du ein paar Dinge mitnehmen, weil es selbst in Sommer nachts kalt werden kann:

Eine warme Jacke darf nie fehlen, im Herbst, Winter oder Frühjahr sind warme Schuhe, Mütze und Handschuhe ratsam, ebenso eine Thermoskanne mit heißem Tee. Und natürlich darfst du dieses Buch nicht vergessen! Wenn du vorhast, an einem sehr einsamen Ort zu beobachten, nimmst du dir am besten einen Erwachsenen mit, oder ein oder zwei Freunde.

Schnell wirst du merken, dass sich die Augen an die Dunkelheit gewöhnen – das nennt man „Nachtsicht".

Was man alles mitnehmen sollte ...

Dabei weiten sich die Pupillen so stark, dass man ganz schwache Sterne sehen kann. Wenn jetzt allerdings ein Auto vorbeikommt und du in seine Scheinwerfer schaust, ziehen sich die Pupillen blitzschnell wieder zusammen und deine Nachtsicht ist minutenlang weg. Also vermeide den Blick in helles Licht. Das Licht einer Straßenlaterne kann man mit der Hand oder einer Baseball-Mütze abschirmen.

Wenn du einen dunklen Beobachtungsposten erreicht hast, wirst du feststellen, dass dir das Licht fehlt, um die Sternkarten zu betrachten. Hierfür brauchst du eine Taschenlampe, die du am besten mit etwas

Butterbrotpapier oder rotem Transparentpapier abdunkelst, um deine Nachtsicht zu schonen.

Für eine erste Orientierung am Himmel reicht es, wenn du aufmerksam mit bloßem Auge beobachtest. Ohne Hilfsmittel kannst du bei guter Sicht 2,5 Millionen Lichtjahre weit sehen! So weit ist der Andromedanebel von der Erde entfernt (siehe Seite 15). Astronomen geben Entfernungen in Lichtjahren an. Das Licht schafft in einer Sekunde die gewaltige Strecke von 300 000 Kilometern. Regulus, der hellste Stern im Löwen, ist 77 Lichtjahre entfernt. Das heißt, sein Licht, das wir heute sehen, ging vor 77 Jahren auf die Reise. Wir sehen ihn also 77 Jahre jünger, als er wirklich ist.

Um schwache Sterne besser zu sehen, hilft ein normales Fernglas, das es in den meisten Haushalten gibt. Falls du dir ein Fernglas oder Fernrohr zur Sternbeobachtung wünschen oder kaufen willst: Achte darauf, dass die Öffnung möglichst groß ist. Wenn auf dem Fernglas „7 x 50“ steht, bedeutet das: „7-fache Vergrößerung, Öffnung des Objektivs beträgt 50 mm“. Für die Himmelsbeobachtung ist eine große Öffnung wichtiger als die Vergrößerung. Sehr kleine Ferngläser mit 21 mm Öffnung sind ungeeignet. Schwache Sterne sind übrigens meist weder klein noch dunkel, sie sind oft nur sehr weit weg. Viele davon sind heller als unsere Sonne!

Ein Fernrohr, auch Teleskop genannt, macht erst Sinn, wenn man sich am Sternenhimmel schon ein bisschen auskennt, sonst weiß man nicht, was man sieht. Für Anfänger ist ein Linsenteleskop (auch „Refraktor“

genannt) mit 5–6 cm Öffnung ausreichend, das es schon in vielen Kaufhäusern gibt. In den letzten Jahren wurden sogenannte Dobson-Teleskope auch bei Anfängern beliebt. Diese Spiegelteleskope („Reflektoren“) sind leicht zu handhaben und haben Öffnungen ab 15 cm.

Was beobachtet man in den Sternbildern? Drei Sorten von Objekten kann man als Amateur besonders gut sehen: Doppelsterne, Sternhaufen und Nebel. Zu allen dreien gibt es am Ende des Buches spezielle Kapitel (blaue Farbleiste). Die abgebildeten Fotos von diesen Objekten sind meist Profiaufnahmen, so gut siehst du sie im Fernglas oder Fernrohr nicht. Manche Fotos sind in Falschfarben abgedruckt, so wie Experten sie benutzen.

Die Sterne wandern nicht irgendwie, sondern drehen sich alle scheinbar um den „Himmelsnordpol“. In Wirklichkeit dreht sich jedoch die Erde. Für uns sieht es deshalb so aus, als würden die Sterne wandern. Der Polarstern steht ungefähr am Himmelsnordpol und bewegt sich praktisch nicht. Er eignet sich deshalb besonders gut als Ausgangspunkt. Du findest ihn mithilfe des Großen und des Kleinen Wagens – das erste Kapitel dieses Buches.

Jetzt nichts wie los: Bereite deine erste Sternennacht vor!

Großer Wagen und Kleiner Wagen

Beide Sternbilder führen zum Polarstern.

Den Großen Wagen findest du das ganze Jahr am Himmel. Mit seinen sieben hellen Sternen ist er das bekannteste Sternbild. Er sieht aus wie eine grob gezeichnete Schubkarre ohne Räder, also ein Kasten mit einer Deichsel. Anfang März findest du ihn abends im Nordosten, Anfang Mai, etwa um 22 Uhr, steht er fast senkrecht über dir. Mitte Juli um 22 Uhr kannst du ihn im Nordwesten finden. Und zu Beginn des Dezember ist er gegen 19 Uhr tief im Norden. Dann brauchst du freie Sicht, denn er steht nur knapp über dem Horizont.

Schau genau hin!

In den beiden Wagen warten zwei interessante Doppelsterne auf dich. Am Knick der Deichsel des Großen Wagens steht Mizar. Er wird von dem dunkleren Alkor begleitet, der auch „Reiterlein" genannt wird. Du kannst die beiden bereits mit bloßem Auge erkennen. Sie sind 78 Lichtjahre von uns entfernt. Viel enger an Mizar steht ein weiterer Stern. Für den brauchst du ein kleines Fernrohr und die stärkste Vergrößerung. Auch Polaris im Kleinen Wagen ist ein Doppelstern. Für den zweiten Stern ist ein etwas größeres Fernrohr nötig.

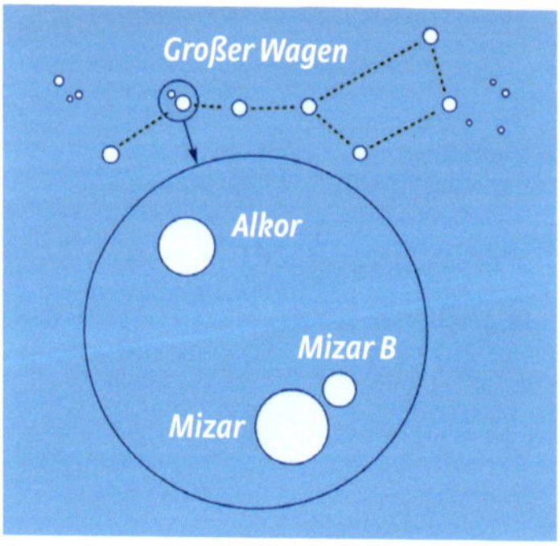

Doppelsterne im Großen Wagen

Sternbilder, die fast immer zu sehen sind

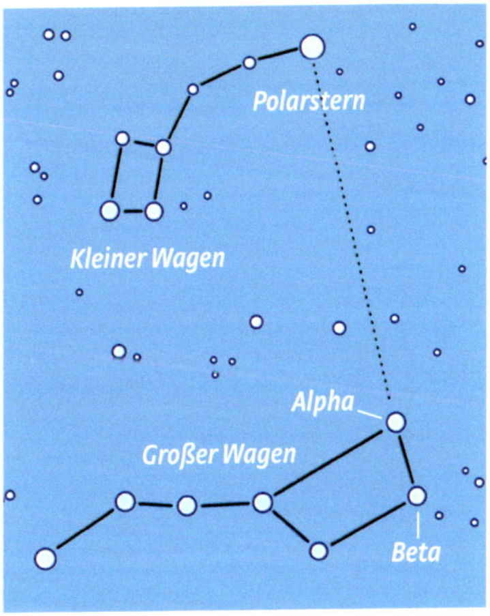

Mit dem Großen Wagen findest du den Polarstern. Das geht so: Schau dir die beiden gleich hellen Kastensterne Alpha und Beta an. Ihren Abstand musst du in Gedanken fünffach verlängern. Dabei musst du in Richtung der Kastenöffnung gehen. Wenn der Wagen zum Beispiel im Dezember flach am Nordhimmel steht, heißt das fünfmal den Abstand nach oben verlängern. So triffst du genau den Polarstern, der auch Nordstern oder Polaris heißt. Er steht immer im Norden.

Der Polarstern ist der hellste Stern im Kleinen Wagen. Auch dieses Sternbild ist das ganze Jahr über am Nordhimmel zu sehen. Solche Sternbilder nennt man auch Zirkumpolar-Sternbilder. Der Polarstern ist das Ende der Deichsel. Diese besteht sonst nur aus dunkleren Sternen. Zwei hellere Sterne begrenzen den Kasten des Kleinen Wagens auf der gegenüberliegenden Seite. Die restlichen Kastensterne sind etwas für besonders klare Nächte.

Schon gewusst?

Eigentlich heißen die Sternbilder Großer Bär und Kleiner Bär und enthalten viel mehr Sterne als die beiden Wagen. Viele davon sind aber schlecht zu sehen. Beim Großen Bären kann man mit etwas Glück die Bärentatzen sehen – lang gezogene Dreiecke, unterhalb des Wagenbodens (siehe Übersichtskarte).

Kassiopeia

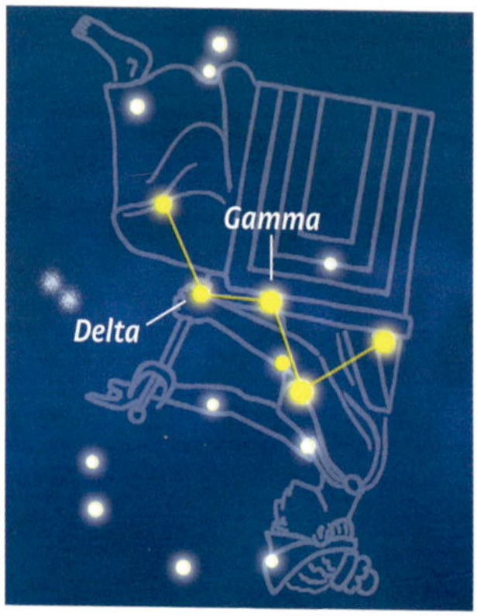

Das große „Himmels-W“.

Von Deutschland aus kann man die Kassiopeia immer finden – sie geht niemals unter, genau wie der Große und Kleine Wagen. Wegen ihrer gut erkennbaren Form heißt die Kassiopeia auch „Himmels-W“ (gelb markiert). Manchmal steht sie allerdings Kopf, dann sieht sie eher aus wie der Buchstabe „M“. An einem frühen Januarabend nach Sonnenuntergang steht sie hoch am Himmel. Anfang Mai, so gegen 22 Uhr, hat sie im Norden ihren Tiefststand.

Schau genau hin!

In klaren Nächten ist mit bloßem Auge das Band der Milchstraße zu erkennen, es zieht sich genau durch die Kassiopeia (siehe Seite 56). In der Umgebung der Kassiopeia gibt es außerdem einige schöne Sternhaufen zu beobachten. Der Haufen M 103 liegt nahe Delta, um ihn zu finden brauchst du ein kleines Fernrohr. Er ist rund 8 500 Lichtjahre entfernt und enthält etwa vierzig Sterne.

Unter den fünf hellsten Sternen der Kassiopeia ist Gamma etwas Besonderes. Seine Helligkeit verändert sich im Laufe der Zeit. Er ist ungefähr 35 000-mal heller als unsere Sonne. Da er aber fast 800 Lichtjahre von uns entfernt ist, erscheint er viel dunkler. Du findest ihn in der Mitte des Himmels-W.

Sternhaufen M 103

Schau genau hin!

In diesem Sternbild findest du den berühmten Andromedanebel.

Er heißt auch M 31 und ist eine Galaxie wie unsere Milchstraße. Suche den Nebel in klaren Nächten, am besten wenn kein Mondlicht stört. Du kannst ihn mit bloßem Auge finden. Mit einem Fernglas ist er noch deutlicher zu erkennen. Was aussieht wie ein längliches Nebelchen besteht in Wirklichkeit aus Milliarden von Sternen. Doch M 31 ist so weit von uns entfernt, dass die Sterne zu einem unscharfen Brei verschwimmen.

Andromeda

In diesem schmalen Sternbild hat eine gesamte Galaxie Platz.

Vier helle Sterne der Andromeda bilden eine fast gerade Linie. Du findest sie, indem du dir zwei Linien denkst, die am Polarstern starten und an den Seiten der Kassiopeia entlanglaufen. Diese beiden Linien führen automatisch zu einer Stelle zwischen Perseus und Pegasus: Dort liegt die Andromeda. Zwischen Oktober und Februar ist das Sternbild leicht am frühen Abendhimmel zu beobachten. Mitte Januar erreicht es gegen 17:30 Uhr im Süden seinen höchsten Stand. Es ist aber das ganze Jahr hindurch zu sehen.

Einen besonders farbigen Doppelstern gibt es am Rand von Andromeda in Richtung Perseus. Das ist Gamma, er heißt auch Alamak. In einem kleinen Fernrohr erkennt man einen orangefarbigen Hauptstern und einen dunkleren Begleiter, der bläulich schimmert.

Schon gewusst?

Pegasus ist ein Himmelspferd, das durch die griechische Sagenwelt flattert. Als Perseus (siehe rechte Seite) die schreckliche Medusa besiegte, soll das Pegasus-Pferd aus ihrem Blut entstanden sein. Als Sohn des Meeresgottes war es sogar unsterblich. Mit seinen Flügeln konnte Pegasus rasend schnell fliegen. Es diente dem tapferen Krieger Bellerophon als Reitpferd, und beide vollbrachten viele Heldentaten. Dann trieb der es jedoch zu toll: Er wollte mit Pegasus den Olymp stürmen – da wohnen laut Sage die Götter. Das konnte nicht gut gehen. Er wurde abgeworfen und stürzte zur Erde. Seitdem steht das Sternbild als göttliche Warnung am Himmel.

Pegasus

Das Herbst-Viereck ist Andromedas Nachbar.

Am Himmel findest du das Sternbild direkt neben Andromeda. Zählt man den Andromeda-Hauptstern hinzu, so entsteht das auffällige Pegasus-Quadrat aus vier etwa gleich hellen Sternen. Es heißt auch Herbst-Viereck, ist jedoch von Mitte September bis in den Februar bequem am frühen Abendhimmel auszumachen. Mitte Dezember gegen 18 Uhr ist Pegasus besonders leicht zu finden, dann erreicht er im Süden seinen Höchststand.

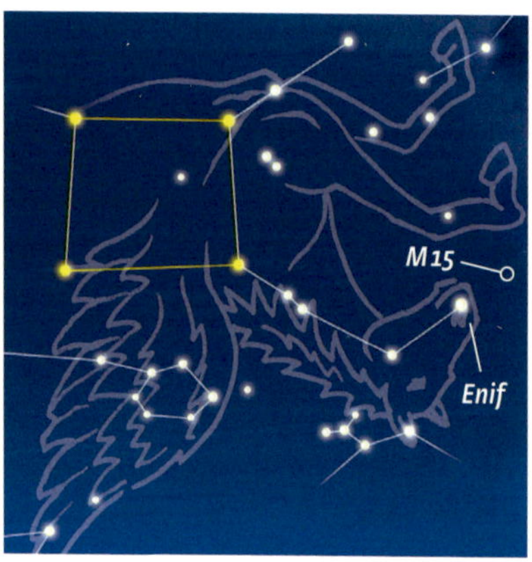

Der Stern „Enif" ist ein Dreifachstern; das Wort heißt auf Arabisch „Pferdenase". Den helleren Begleiter kann man mit einem kleinen Fernrohr trennen. Das schönste Objekt in diesem Sternbild ist der Kugelsternhaufen M 15 direkt neben Enif. Sein Licht braucht 31 000 Jahre, um zu uns gelangen. Für M 15 brauchst du ein Fernglas oder kleines Fernrohr.

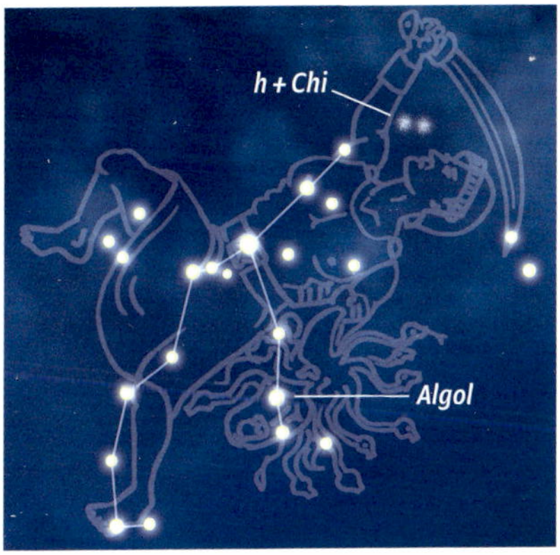

Perseus

Der Held am Himmel.

Perseus steht am Himmel genau zwischen den Sternbildern Andromeda und Fuhrmann. In der griechischen Sage rettete Perseus die Königstochter Andromeda vor einem Meeresungeheuer, zur Belohnung durfte er die Prinzessin heiraten. Das Sternbild ist fast immer zu sehen. Mitte Januar kannst du es gegen 20 Uhr genau über dir am höchsten Punkt des Himmels finden.

Zum Perseus gehört einer der schönsten Sternhaufen. Du kannst ihn zwischen Kassiopeia und Perseus aufspüren. In sehr klaren Nächten ist der Haufen sogar mit bloßem Auge zu finden. Dann sieht er aus wie ein blasser Nebelfleck. Besser sieht man ihn im Fernglas, dabei erkennt man, dass er ein Doppelhaufen ist. Sein Name lautet h und Chi. Beide enthalten etwa 300 Sterne.

Kugelhaufen M 15

Schau genau hin!

Im Perseus steht der berühmte veränderliche Stern Algol, auch Teufelsstern genannt. In zwei Tagen und 21 Stunden wird er dunkel und wieder hell. Algol sieht zwar aus wie ein einzelner Stern, in Wahrheit besteht er aber aus zweien: Ein dunklerer Stern kreist um einen helleren. Immer wenn der dunklere vor dem helleren vorüberzieht, erscheint Algol dunkler. Stehen beide genau nebeneinander, ist Algol hell. Tipp: Schätze Algols Helligkeit im Vergleich zu den anderen Perseus-Sternen und notiere das Ergebnis. Nach und nach kannst du so den Lichtwechsel erkennen.

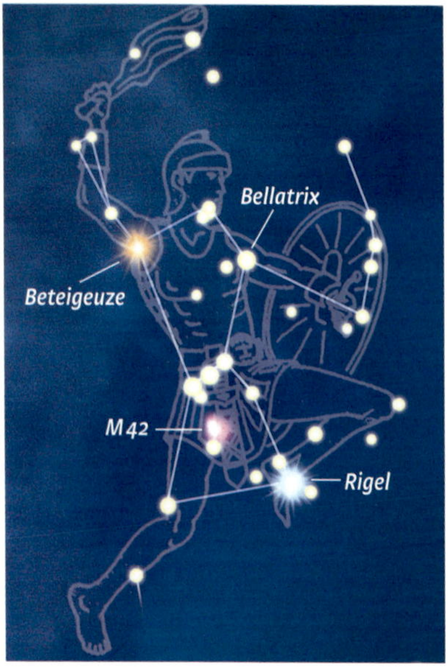

Orion

Das schönste Sternbild des Winterhimmels: der Himmelsjäger.

Orion ist ein Jäger aus einer griechischen Sage, der eine Insel von wilden Tieren befreit haben soll. Am Himmel findest du das Sternbild vom Spätherbst bis ins Frühjahr. Wegen einiger sehr heller Sterne ist es gut zu sehen. Schon ab Mitte November steht Orion gegen 22 Uhr im Osten, Ende Januar um 21 Uhr dann genau im Süden. Bis Ende März gegen 21 Uhr kannst du ihn noch Richtung Westen finden.

Schau genau hin!

Den Orionnebel musst du dir ansehen, er ist der schönste Gasnebel am Himmel. Eigentlich sind es zwei Nebel, M 42 und M 43, doch nur M 42 ist einfach zu erkennen. Am besten schaust du dir die Gegend im Feldstecher an. Du findest ihn am unteren Ende des Schwerts. M 42 besteht aus leuchtendem Gas und Staub, etwa 1400 Lichtjahre von uns entfernt. In seiner Mitte befindet sich ein kleiner Sternhaufen, von dem nur vier Sterne in einem kleinen Fernrohr zu erkennen sind. Dieser sogenannte Trapezhaufen bringt den Nebel zum Leuchten.

Trapezhaufen im Orion

Mit etwas Phantasie kann man den Jäger auch erkennen. Die Schultern sind der rote Stern Beteigeuze und der Stern Bellatrix. Den Kopf bilden die eng zusammenstehenden Sterne darüber. Der Gürtel des Jägers sind drei etwa gleich helle Sterne, die etwas tiefer auf einer fast geraden Linie liegen. Am Gürtel hängt gut sichtbar ein Schwert, deshalb heißt diese Region „Schwertgehänge". Der helle blauweiße Stern Rigel ist einer der Füße des Jägers.

Schon gewusst?

Beteigeuze ist rot, Rigel blauweiß und unsere Sonne ist gelb: Sterne leuchten farbig! Nur bei den hellsten kannst du die Farbe leicht erkennen, doch mit dem Fernglas siehst du schon bei sehr viel mehr Sternen den Farbeffekt. Astronomen haben herausgefunden, dass die Farbe mit der Temperatur an der Sternoberfläche zusammenhängt. Das blauweiße Licht von Rigel bedeutet: Dort ist es einige Tausend Grad heißer als auf unserer Sonne. Das rote Licht von Beteigeuze besagt, dass es etwa 3000 Grad kühler ist als auf der Sonne.

Orionnebel

Großer Hund und Kleiner Hund

Sirius im Großen Hund ist der hellste Stern am Himmel.

Der Hauptstern des Großen Hundes heißt Sirius. Er ist leicht zu finden, die Gürtelsterne des Orion zeigen auf ihn. Er leuchtet grell weiß. Ab Mitte Januar gegen 21 Uhr kannst du Sirius suchen. Er steht dann tief im Südosten, links unterhalb von Orion. Anfang März gegen 20 Uhr erreicht der Große Hund seinen höchsten Stand. Trotzdem steigt er nicht weit über den Horizont. Um das ganze Sternbild zu sehen, brauchst du einen Platz mit freier Sicht nach Süden. Bis Mitte April gegen 20 Uhr kannst du Sirius noch im Südwesten erkennen.

Schau genau hin!

M 41 ist ein schöner Sternhaufen im Großen Hund. Er kann leicht gefunden werden, da er unterhalb des Sirius steht. Er ist etwa 2 500 Lichtjahre von der Erde entfernt. In sehr klaren Nächten ist er mit bloßem Auge sichtbar, besser suchst du ihn gleich mit dem Fernglas. Dann kannst du etwa vierzig Einzelsterne entdecken.

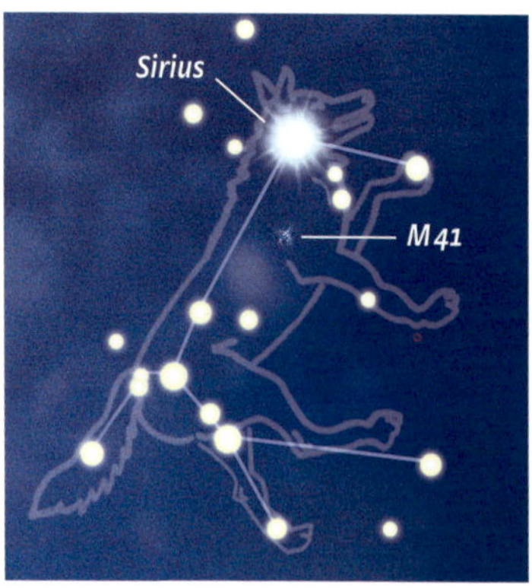

Sternhaufen M 41

Sirius ist weniger als neun Lichtjahre von uns entfernt. Er zählt damit zu unserer Nachbarschaft. Er hat einen kleinen Begleiter, beide sind aber nur in großen Fernrohren zu trennen. Sirius B, so nennen ihn die Astronomen, ist ein Weißer Zwerg. Das heißt, er ist etwa so groß wie unsere Erde – das ist winzig für einen Stern. Sirius B braucht fünfzig Jahre, um Sirius zu umkreisen.

Auch der Kleine Hund ist am besten im Winter zu beobachten. Und so findest du ihn: Denke dir eine Linie, die den Zwillingsstern Pollux (folgende Seite) mit Sirius verbindet. Etwa auf halbem Weg liegt etwas links ein heller Stern. Das ist Prokyon, der Hauptstern des Kleinen Hundes. Der Stern Beta ist von Prokyon etwa gleich weit entfernt wie der Abstand zwischen Kastor und Pollux. Doch es besteht keine Verwechslungsgefahr: Nur die beiden Zwillingssterne wirken gleich hell. In der Sage ging Orion mit dem Großen und dem Kleinen Hund auf die Jagd.

Schon gewusst?

Als Sternfreund ist es praktisch, ein bisschen Latein zu können, denn für die Namen der Sternbilder sind die lateinischen Worte gebräuchlich: Kleiner Hund heißt deshalb auch „Canis Minor“, Prokyon ist also „Canis Minoris“.

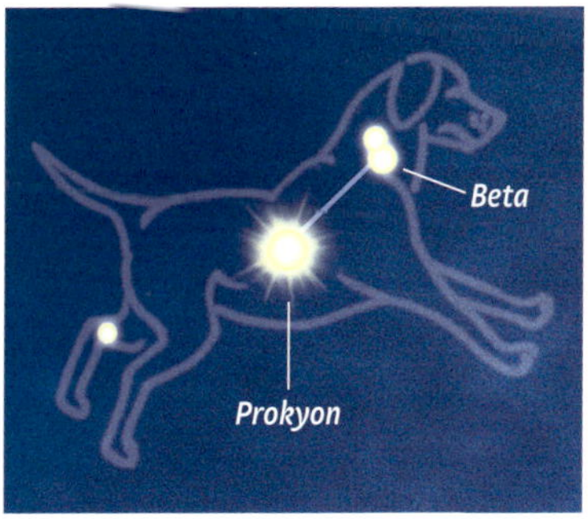

Schau genau hin!

Der Nebel NGC 2392 wird auch Eskimonebel oder Clowns-Gesicht-Nebel genannt. Das kommt von seinem Aussehen, das aber nur auf Fotos deutlich wird. In einem mittleren Fernrohr erkennst du bei stärkerer Vergrößerung einen schwachen, fast kreisrunden Nebelfleck. Sein Alter schätzen die Forscher auf etwa 10 000 Jahre. Damals stieß ein Stern in seiner Mitte einen Teil seiner Gase ab.

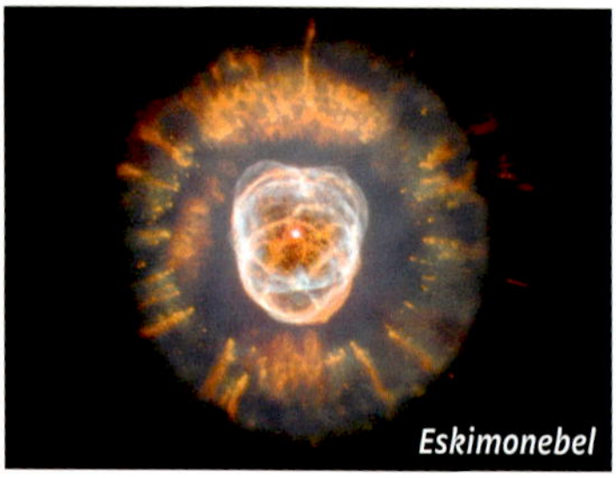
Eskimonebel

Zwillinge

Ein Sternbild mit zwei Hauptsternen.

Zwischen Stier und Löwe liegt das Tierkreissternbild Zwillinge. Auffällig sind die fast gleich hellen Sterne Kastor und Pollux. Schon Mitte Dezember gegen 18 Uhr sind die Zwillinge im Osten auszumachen. Sie bleiben den ganzen Winter zu sehen, bis ins Frühjahr hinein: Noch Mitte April kannst du sie gegen 21 Uhr in westlicher Richtung auffinden. Ihren höchsten Stand erreichen sie Anfang März gegen 20 Uhr hoch am Südhimmel.

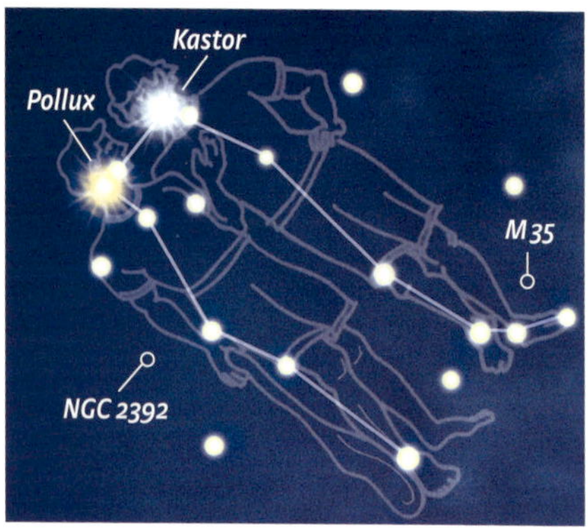

Kastor ist ein Doppelstern, um ihn zu trennen, brauchst du die höchste Vergrößerung deines Fernrohrs. Bei Pollux kannst du, wenn du genau hinschaust, im Fernglas seinen rötlichen Schimmer erkennen. Er ist ein sogenannter Roter Riese, fünfmal größer als die Sonne. An der Grenze zum Stier findest du im Fernglas den Sternhaufen M 35. Etwa 120 Sterne stehen dort eng beieinander.

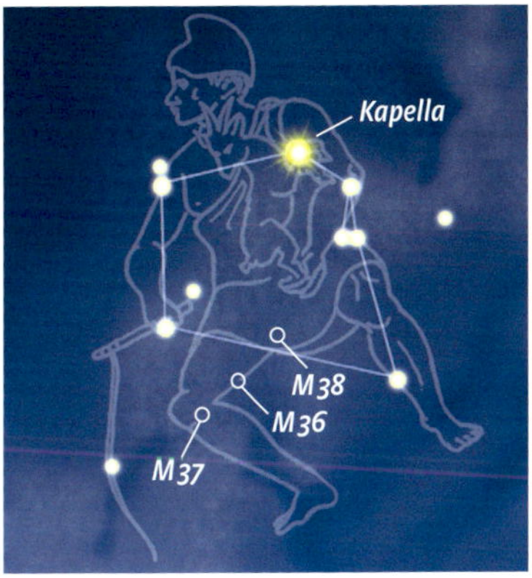

Fuhrmann

Der Hauptstern Kapella ist einer der hellsten Sterne am Himmel.

Den Fuhrmann findest du zwischen den Sternbildern Zwillinge und Perseus. Sein Hauptstern Kapella ist der sechsthellste Stern am Himmel. Er leuchtet leicht gelblich. Der Name stammt aus dem Lateinischen und bedeutet „Ziegenböckchen“. Von Deutschland aus ist Kapella das ganze Jahr sichtbar. Besonders leicht geht das am frühen Abendhimmel im Februar und März. Dann steht Kapella am Himmel fast senkrecht über dir.

Eine Kette von Sternhaufen reiht sich im Fuhrmann aneinander: M 36, M 37 und M 38. Sie sind etwa 4 000 Lichtjahre von uns entfernt. Für alle drei brauchst du einen Feldstecher. Die meisten Sterne dieser Gruppe hat M 37, es sind rund 200.

Schon gewusst?

Wieso fangen die Bezeichnungen für Sternhaufen alle mit „M“ an? Das stammt vom Namen des französischen Astronomen Charles Messier. Der erforschte vor über zweihundert Jahren den Himmel, meist suchte er nach Kometen (siehe Seite 48). Irgendwann war er genervt, ständig andere Objekte mit Kometen zu verwechseln, denn in seinem Fernrohr sahen Sternhaufen und Nebel den gesuchten Kometen sehr ähnlich. Deshalb schrieb er auf, wo am Himmel sich solche Objekte befinden und gab ihnen Nummern. So entstand der sogenannte Messier-Katalog. Insgesamt kamen 110 Objekte zusammen, und alle tragen das M vor der Nummer.

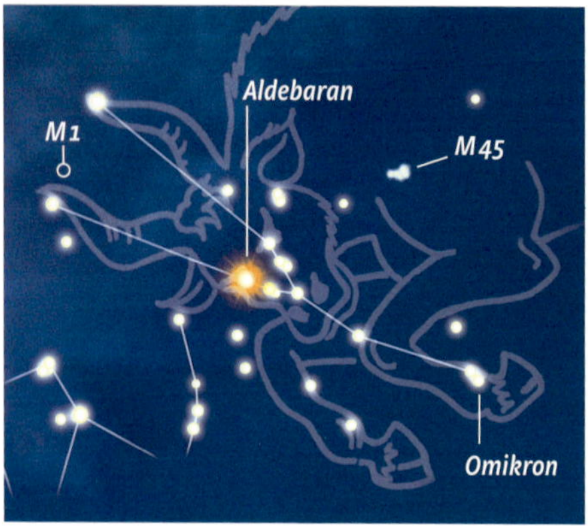

Stier

Hier verstecken sich die Überbleibsel einer Sternexplosion.

Zwischen Orion und Perseus liegt das Sternbild Stier. Seine „Abendsaison" dauert vom Herbst bis ins Frühjahr. Ab Mitte Oktober findest du es gegen 22 Uhr im Osten. Anfang Februar erreicht der Stier schon gegen 20 Uhr seinen höchsten Stand: genau im Süden hoch am Himmel. Bis Mitte April kannst du nach dem bekannten Tierkreissternbild Ausschau halten, dann steht er gegen 20 Uhr tief im Westen.

Krebsnebel M 1

Schon gewusst?

Im Stier findest du den Krebsnebel, der auch M 1 heißt. Im Jahr 1054 explodierte an dieser Stelle ein Stern. So etwas nennt man eine Supernova. Von der Erde aus betrachtet sah das aus, als ob plötzlich ein neuer Stern aufleuchtet. Sternkundige aus China beschrieben damals den hellen Schein. Die leuchtenden Gase von M 1 sind die Überbleibsel der Explosion. Im Innern von M 1 haben Forscher den Kern des explodierten Sterns gefunden: Er sendet Radiowellen ins All. Um M 1 zu finden, brauchst du aber ein etwas größeres Fernrohr (ab 7 cm Öffnung), am besten bei schwacher Vergrößerung. Du brauchst dafür etwas Geduld.

Schau genau hin!

Die Hyaden bestehen aus rund 150 Sternen, von denen du einige mit bloßem Auge erkennen kannst. Du findest den Sternhaufen direkt neben Aldebaran. Er sieht aus wie der Buchstabe „V", der allerdings manchmal auf der Seite liegt. Etwa 150 Lichtjahre sind die Hyaden von uns entfernt – ziemlich nah für einen Sternhaufen. Das Siebengestirn wird auch „Plejaden" genannt, es besteht aus 130 Sternen. Mit bloßem Auge kannst du meist nur sechs erkennen. Im Feldstecher oder bei schwacher Vergrößerung im Fernrohr erscheint es wie eine Miniversion des Großen Wagens.

Aldebaran ist der hellste Stern im Stier. Das ist ein Roter Riese, rund 25-mal schwerer als unsere Sonne. Sein arabischer Name heißt „der Nachfolgende". Damit ist gemeint, dass er dem Siebengestirn folgt. Das ist ein Sternhaufen mit der Messier-Nummer M 45, der ebenfalls zum Stier gehört. Dieser hat noch einen weiteren schönen Haufen zu bieten: die Hyaden. Beide kannst du mit bloßem Auge finden.

Der Sternhaufen der Plejaden

Auch einige Doppelsterne hat der Stier zu bieten. Einer, den du mit bloßem Auge trennen kannst, ist Omikron. In einem Feldstecher geht's natürlich leichter. Den brauchst du auf jeden Fall für Tau, denn seine beiden Sterne stehen enger beieinander, und der schwächere ist fürs bloße Auge zu dunkel.

Schwan

Hier leuchtet die Milchstraße besonders hell.

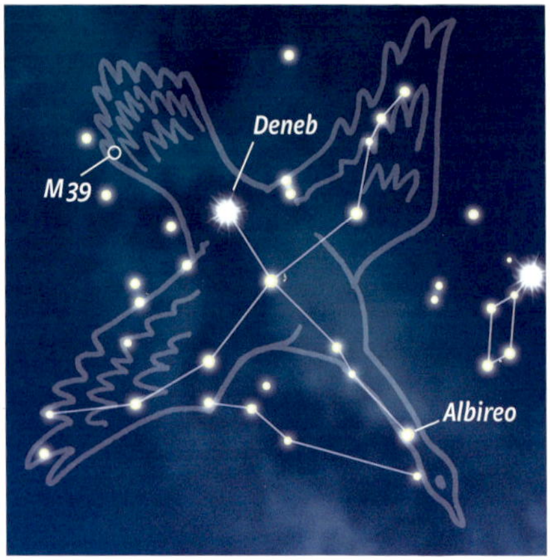

Mitte Mai gegen 22 Uhr kann die Schwanenjagd beginnen. Dann steht das große Sommersternbild flach im Nordosten. Anfang September hat es um die gleiche Uhrzeit seinen Höchststand. Der helle Hauptstern Deneb steht dann fast genau über dir. Er bildet mit Wega und Atair das riesige Sommerdreieck – dadurch sind auch die Sternbilder Leier und Adler leicht zu finden. Den Schwan kannst du auch im Winter beobachten: Ende Januar gegen 18 Uhr tief im Nordwesten.

Nordamerikanebel

Deneb heißt auf Arabisch „Schwanz", da er am Schwanzende des Schwans steht. Er ist zwar der hellste Stern im Schwan, aber der schönste ist Beta, der auch Albireo („Vogel") heißt. Er ist ein besonders bunter Doppelstern. Im Fernglas oder in einem kleinen Fernrohr siehst du einen hellen goldgelben Stern mit einem blauen Begleiter. Beide sind 390 Lichtjahre von uns entfernt. M 39 ist ein Sternhaufen für den Feldstecher. Den „Nordamerikanebel" kann man dagegen nur auf lang belichteten Fotos bewundern, er heißt offiziell NGC 7000.

Schau genau hin!

Der Stern Epsilon Lyrae ist ein Doppelstern, am besten schaust du ihn dir im Feldstecher an. Beide Sterne sind fast gleich hell. Ein kleines Fernrohr zeigt, dass jeder der beiden wiederum aus einem Paar besteht. Was auf den ersten Blick ein Stern ist, sind also in Wahrheit vier! Ein weiterer Doppelstern, den du leicht im Fernrohr trennen kannst, ist Beta Lyrae.

Leier

Hier steht der hellste Stern des Sommerdreiecks.

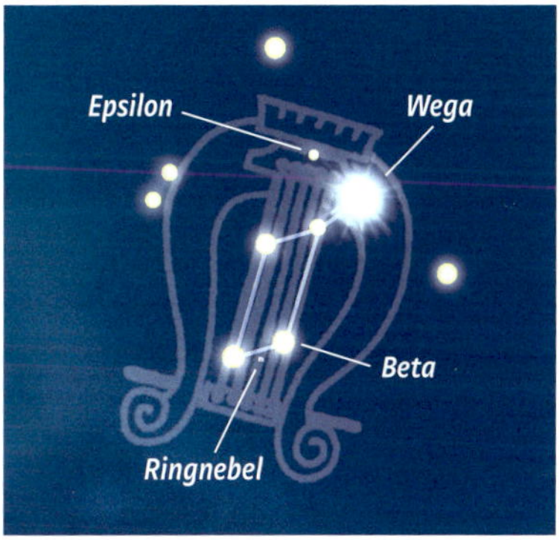

Im Sommer ist das kleine Sternbild Leier die ganze Nacht über sichtbar. Auch an Herbst- und frühen Winterabenden kann sie beobachtet werden. Ihr Hauptstern Wega leuchtet weiß, mit einem Stich ins Bläuliche. Er ist der dritthellste Stern am Nordhimmel. Der Name kommt aus dem Arabischen und bedeutet „herabstürzender Adler“.

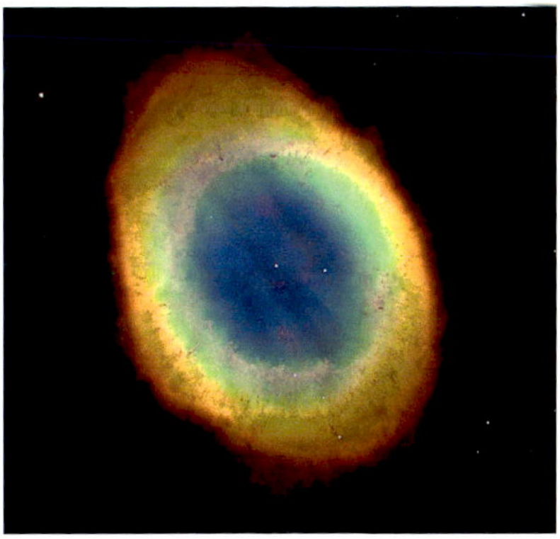

Ringnebel M 57

Der Nebel M 57 in der Leier sieht im Fernrohr wie ein Ring aus. Tatsächlich hat er wohl eher die Form einer Coladose, auf die man von oben schaut. Er ist etwa 2 000 Lichtjahre entfernt und besteht aus Gas, das der Stern in der Mitte des Nebels ausgestoßen hat. Diesen Stern sieht man nur auf Fotos, für ein kleines Fernrohr ist er zu dunkel.

Adler und Delfin

Einmal pro Woche bläht sich ein Adlerstern mächtig auf.

Schau genau hin!

Der Delfin befindet sich gleich neben dem Adler in Richtung Schwan. Er besteht allerdings nur aus dunklen Sternen, deshalb brauchst du zur Beobachtung eine besonders sternklare Nacht. Seine Form erinnert an einen selbst gebastelten Papierdrachen. Anfang Oktober gegen 20 Uhr steht er besonders hoch im Süden. Sein Stern Gamma ist doppelt und leuchtet orange und blau. Um das zu sehen, brauchst du ein kleines Fernrohr und die höchste Vergrößerung. Nach der griechischen Sage mag der Delfin schöne Gesänge. Angelockt durch ein Lied, rettete er den Sänger Arion vor dem Ertrinken.

Etwa Mitte Juni gegen 22 Uhr geht im Osten der Adler auf, er steht dann nahe am Horizont. Seinen höchsten Stand erreicht er Anfang September gegen 22 Uhr. Sogar Anfang Januar kannst du das Sommersternbild noch gegen 18 Uhr Richtung Westen erspähen. Der hellste Adlerstern heißt Atair, er ist der dritte Stern im Sommerdreieck.

Eta ist ein besonderer Stern, denn er verändert seine Helligkeit. Alle sieben Tage bläht er sich auf, dann schrumpft er wieder. Im selben Zeitraum ändert er auch Farbe und Temperatur. Mit 1400 Lichtjahren ist er ziemlich weit entfernt. Doch durch genaue Beobachtung des Lichtwechsels können Astronomen seine Entfernung berechnen.

Bootes

Der Bärenhüter ist der Star des Frühjahrshimmels.

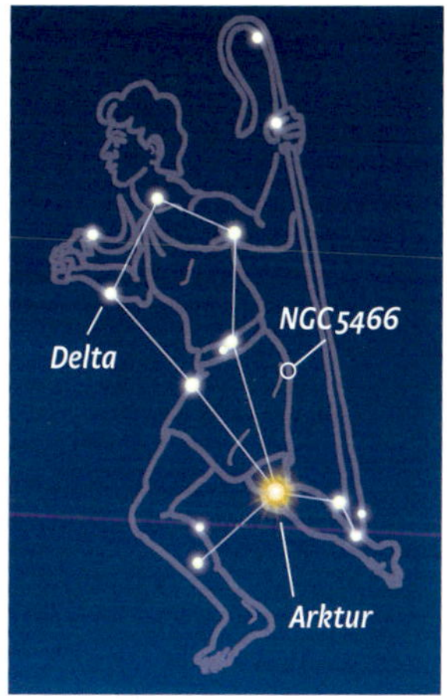

Wegen seiner Lage nah am Großen und Kleinen Bären wird das Sternbild auch „Bärenhüter" genannt. Du findest es leicht mithilfe des Großen Wagens. Stelle dir einfach eine gekrümmte Linie vor, die die Deichsel des Wagens verlängert. Diese Linie führt automatisch auf den Hauptstern, den roten Arktur. Anfang April ist Bootes bereits gegen 22 Uhr gut im Osten zu sehen. Bis Mitte August gegen 21 Uhr wirst du noch fündig, dann aber im Westen. Anfang Juni steht Bootes im Süden besonders hoch, etwa gegen 22 Uhr.

Im Bootes kannst du Jagd auf Doppelsterne machen. Delta zum Beispiel besteht aus einem hellen und einem dunklen Stern. Dafür brauchst du ein kleines Fernrohr oder ein besseres Fernglas. Der Kugelhaufen NGC 5466 ist 47 000 Lichtjahre entfernt. Er ist recht dunkel, für ihn brauchst du ein Teleskop ab 10 cm Öffnung.

Kugelhaufen NGC 5466

Schon gewusst?

Arktur ist nur 37 Lichtjahre von uns entfernt – der nächste Rote Riese überhaupt. Ganz genaue Messungen zeigen, dass er sich am Himmel bewegt. Das heißt, Arktur ist dabei, seinen Platz im Sternbild Bootes zu verlassen. Auch andere Sterne sind in Bewegung. Man nennt das „Eigenbewegung". Die von Arktur ist besonders groß, trotzdem dauert es etwa 14 000 Jahre, bis er in die Nähe der Grenze zum benachbarten Sternbild Jungfrau kommen wird.

Tierkreis

Astronomie und Astrologie haben nichts miteinander zu tun.

Viele Menschen sagen: „Ich bin Steinbock“, oder: „Ich bin Waage.“ Bestimmt kennst auch du dein Tierkreiszeichen. Vielleicht hast du sogar mal versucht, dein Tierkreissternbild am Himmel zu finden. Wahrscheinlich hast du festgestellt, dass es schwierig ist, es sei denn, du hattest zufällig einen Sternfreund dabei. Oder du bist entweder Stier, Zwilling, Löwe oder Jungfrau. Die zwei ersten wurden schon vorgestellt (Seiten 22 und 24), die beiden anderen folgen jetzt. Alle anderen Tierkreissternbilder sind in Deutschland schwer zu beobachten.

Die Tierkreissternbilder spielen also bei der Sternbeobachtung eine kleinere Rolle, die Astrologen nehmen sie dagegen sehr wichtig. Sie meinen, dass das Sternbild, in dem die Sonne am Geburtstag stand, angeblich etwas über den Charakter eines Menschen besagt. Achtung: Astrologie und Astronomie haben nichts mehr miteinander zu tun.

Schon gewusst?

Die Lehre von den Tierkreiszeichen ist über 2000 Jahre alt. Damals stimmte die Zuordnung von bestimmten Geburtstagen zu Sternbildern noch. Doch weil die Neigung der Erdachse sich über die Jahrtausende leicht verändert, stimmen die Daten dieser alten Lehre nicht mehr. Konkret heißt das: Wer heute meint: „Ich bin Steinbock“, ist in Wirklichkeit Wassermann, weil die Sonne zu seiner Geburt im Wassermann stand. Und Leute, die in Horoskopen nachschauen und meinen, „Waagen“ zu sein, sind in Wirklichkeit „Skorpione“, und so weiter. Denn in rund 2000 Jahren ist die Sonne ein Tierkreiszeichen weitergewandert.

Schau genau hin!

Wenn du die beiden Galaxien M 65 und 66 aufgespürt hast, wirfst du gleichzeitig einen Blick in die Vergangenheit. Beide liegen eng beieinander in der Nähe des Sterns Theta. Ihr Licht braucht etwa 40 Millionen Jahre, um uns zu erreichen, sie sind also 40 Millionen Lichtjahre von uns entfernt. Das Nebelpaar kannst du in einem guten Fernglas oder im Fernrohr bei geringer Vergrößerung beobachten.

Galaxie M 66

Löwe

Dieses Tierkreissternbild ist gut zu finden.

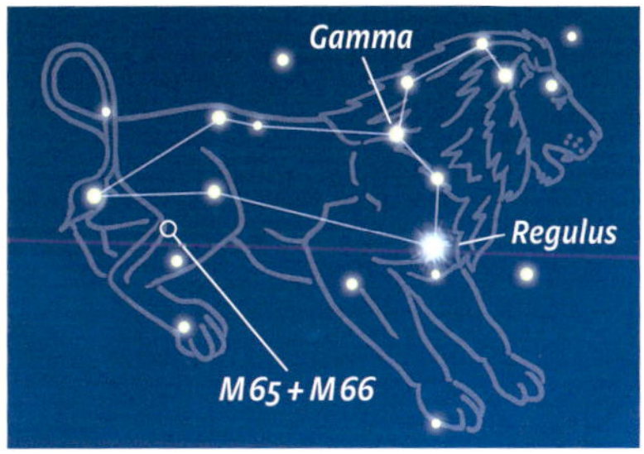

Zwischen den Zwillingen und Bootes ist das Himmelsrevier des Löwen. Du findest ihn auch, indem du die Linie vom Großen Wagen zum Polarstern in die andere Richtung gedanklich verlängerst: Du musst die Linie noch etwas weiter ziehen als zum Polarstern – dort steht der Löwe. Dieses eindrucksvolle Tierkreissternbild ist am besten im Frühjahr zu sehen, doch schon Ende Januar gegen 22 Uhr steht er flach im Osten. Mitte April gegen 21 Uhr findest du ihn leicht im Süden, dann hat er seinen höchsten Stand. Bis Ende Mai gegen 22 Uhr ist er noch gut am Westhimmel auszumachen, er steht dann wieder näher am Horizont.

Der hellste Stern im Löwen heißt Regulus, das heißt „kleiner König“. Regulus ist doppelt und kann in einem guten Fernglas getrennt werden. Sehr schöne Farben hat der Doppelstern Gamma. Er ist orange und tiefgelb. Für die beiden brauchst du mindestens ein Fernrohr mit 5 cm Öffnung und die höchste Vergrößerung.

Jungfrau

Hier gibt es haufenweise Galaxien.

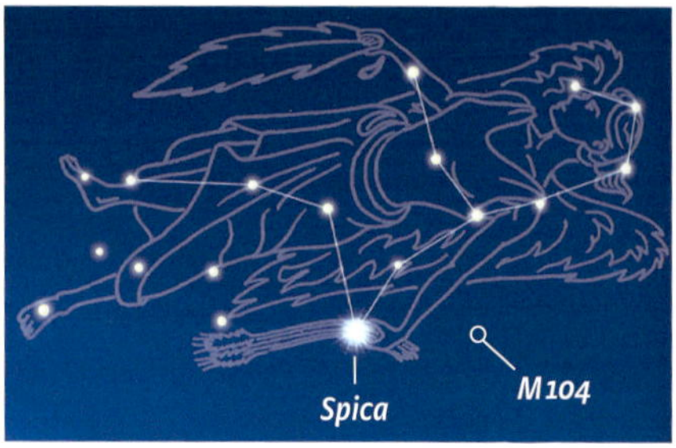

Die nach hinten verlängerte Deichsel des Großen Wagens zeigt bekanntlich auf Arktur im Bootes (Seite 29). Wenn du jetzt diesen Bogen weiterführst, landest du bei Spica in der Jungfrau. Dieser helle, bläulich weiße Stern ist 262 Lichtjahre von uns entfernt. Alle weiteren Jungfrausterne sind ziemlich dunkel. Ab Mitte März gegen 22 Uhr findest du Spica im Osten, im Mai steht der Hauptstern gegen 22 Uhr am höchsten, im Juni findest du ihn im Westen. Du musst immer genau hinsehen, Spica kommt nie weit über den Horizont.

Schau genau hin!

In der Jungfrau, die lateinisch auch „Virgo“ heißt, wimmelt es von Galaxien. Über 250 bilden den Virgo-Galaxienhaufen. Er ist 70 Millionen Lichtjahre entfernt. Etwas näher als der Virgo-Haufen ist uns M 104. Sie heißt auch „Sombrero-Galaxie“. Der Name kommt von dem bekannten Mexikanerhut, an den ihr Aussehen erinnert. Du kannst sie in einem mittleren Fernrohr ab 10 cm Öffnung finden. Etwas Geduld musst du jedoch mitbringen.

Mithilfe der Jungfrau kannst du ein Viertel des Tierkreises am Himmel sehen! Und das geht so: Neben der Jungfrau steht der Löwe, etwas höher als sie. Wenn du jetzt auf der anderen Seite weiter Richtung Horizont gehst, findest du die schwächeren Sterne der Waage. Der Bogen Waage – Jungfrau – Löwe ist ein Viertel des Tierkreises.

Skorpion

Hier leuchtet eine wahrer Riese.

Dieses Tierkreissternbild kannst du eigentlich nur im Sommerurlaub am Mittelmeer gut beobachten, dort steigt es am Himmel höher als in Deutschland. Bei uns bewegt es sich sehr nah am Horizont. Wenn du jedoch freien Blick nach Süden hast, kannst du Mitte Juni um 23 Uhr den südlichen Horizont nach seiner auffälligen Form absuchen. Vielleicht ist zumindest der rote Hauptstern Antares zu erspähen. Als Nächstes im Tierkreis kommt übrigens der Schütze – auch ihn siehst du nur wirklich gut im Urlaub im Süden.

Kugelhaufen M 80

Antares ist ein wahrer Riese. Sein Durchmesser übertrifft die Sonne um das 700-Fache! Sehr nahe bei Antares findest du den Kugelhaufen M 4, er ist etwa 6 000 Lichtjahre entfernt. Für einen Kugelhaufen ist das ziemlich nah. In einem besseren Fernglas oder im kleinen Fernrohr ist er als nebliger Fleck zu erkennen. Ebenfalls in der Nachbarschaft von Antares: M 80, auch ein Kugelhaufen. Sein Abstand von uns beträgt jedoch 36 000 Lichtjahre.

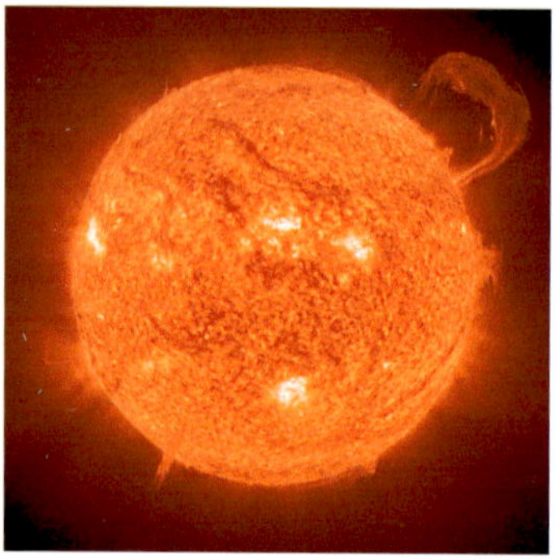

Sonne

Die Sonne – unser eigener kleiner Stern.

Vorsicht! Wer die Sonne beobachten will, muss gut aufpassen. Denn sie strahlt so hell, dass man allein vom Hinsehen erblinden kann. Man braucht eine besondere Brille, die sogenannte SoFi-Brille, die bei einer bevorstehenden Sonnenfinsternis (SoFi) überall angeboten wird. Achtung: Eine Sonnenbrille reicht nicht! Wenn man durch ein Fernglas oder ein Fernrohr auf die Sonne schaut, ist das besonders gefährlich. Es gibt spezielle Filter, mit denen man das grelle Sonnenlicht abschwächen kann; beim Fernglas brauchst du natürlich zwei davon. Auch durch das Sucherfernrohr eines Teleskops darfst du niemals ohne Filter Richtung Sonne schauen.

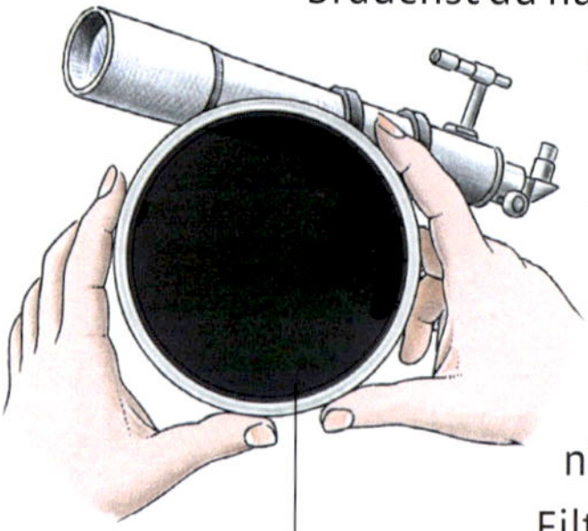

Sonnenfilter eines Teleskopes

Unsere Sonne ist ein Stern wie zahllose andere. Sie sieht nur deshalb anders aus als die Sterne am Nachthimmel, weil sie uns viel näher ist.

Schon gewusst?

Die Sonne entstand einst aus einer riesigen Gaswolke. Diese stürzte in sich zusammen und wurde dabei immer heißer. Die Temperaturen stiegen, bis die Babysonne zündete. Seitdem verbrennt die Sonne Wasserstoff zum Edelgas Helium. Milliarden Jahre später erzeugt die Sonne immer noch Licht und Wärme. Das wird auch noch lange so weitergehen. In über fünf Milliarden Jahren wird sich die Sonne mächtig aufblähen: Sie wird zum Roten Riesen. Schließlich stößt sie ihre äußere Gashülle ab. Zurück bleibt ein Weißer Zwerg, kaum größer als die Erde.

Der nächste Stern ist fast 300 000-mal weiter weg als unsere Sonne. In unserem Sonnensystem ist sie der einzige Himmelskörper, der aus eigener Kraft leuchtet. Planeten und Monde bekommen alle ihr Licht und ihre Wärme von der Sonne. Das gilt natürlich auch für die Erde. Die Sonne erzeugt diese unglaubliche Energie tief in ihrem Innern. Sie macht das so ähnlich wie ein gigantisches Kernkraftwerk.

Schau genau hin!

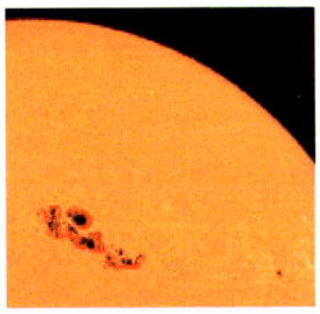

Oft sind dunkle Flecken auf der Sonne. Da sie sich dreht, scheinen die Flecken in einigen Tagen zu wandern. Das sind kühlere Stellen auf der heißen Sonnenoberfläche. Dort ist es „nur" 4 000 Grad heiß und nicht wie üblich 6 000 Grad. Um kein Risiko einzugehen, hältst du am besten ein weißes Blatt einige Zentimeter hinter die Fernrohröffnung, durch die du normalerweise schauen würdest; diesen Teil des Fernrohrs nennt man übrigens Okular. Wenn alles am Platz ist, kannst du den Sonnenrand scharf stellen und auf Fleckenjagd gehen. Etwa alle elf Jahre tauchen besonders viele Sonnenflecken auf, zum nächsten Mal 2010. In den Jahren 2007 und 2008 werden es besonders wenige sein.

Sonnenfinsternisse lassen sich mit SoFi-Brillen ganz einfach beobachten. Was genau geschieht: Der Mond schiebt sich zwischen Sonne und Erde. Das passiert nur bei Neumond (siehe nächste Seite). Wenn er die Sonne vollständig bedeckt, wird es mitten am Tag für wenige Minuten stockdunkel. Um den dunklen Mond herum ist nur noch die äußerste Sonnenatmosphäre, die sogenannte Korona, zu sehen. Das nennt man totale Sonnenfinsternis. Meist lässt der Mond aber noch ein Stückchen Sonne übrig, dann spricht man von partieller Sonnenfinsternis; diese sind viel häufiger. Die nächste partielle SoFi wird am 1. August 2008 gegen Mittag stattfinden. Hoffentlich sind keine Wolken im Weg.

Sonnenfinsternis im März 2006 in der Türkei

Mond

Er entstand durch einen gewaltigen Zusammenprall.

Unser Mond ist fast immer am Nachthimmel zu sehen: entweder als schmale Mondsichel, als Halbmond oder Vollmond. Nur bei Neumond scheint er verschwunden: Dann steht er unsichtbar am Taghimmel. Bei Vollmond findest du ihn genau gegenüber der Sonne. Wenn also die Sonne im Westen untergeht, taucht er im Osten auf. Geht sie am Ende der Vollmondnacht im Osten wieder auf, legt sich der Mond gerade im Westen schlafen.

Zuletzt waren 1972 Raumfahrer auf dem Mond.

Schon gewusst?

Der Mond ist ein Stück unserer Erde. Die Planetenforscher glauben, dass es vor Milliarden Jahren einen gewaltigen Crash gab, Zusammenstöße waren früher im Sonnensystem viel häufiger als heute. Damals traf es die Erde hart: Ein anderer Planet mit Mars-Größe krachte auf sie. Der andere Planet wurde völlig zerstört. Seine Trümmer wurden ins All geschleudert, ebenso Gesteinsbrocken von der Erde. Diese Brocken fügten sich später zum Mond zusammen.

Der Mond ist anders als unsere Erde: Er ist viel kleiner und hat eine geringere Schwerkraft. Die Astronauten, die dort spazieren gingen, konnten trotz schwerer Raumanzüge Luftsprünge machen. Allerdings gibt es auf dem Mond keine Luft. Von der Erde blicken wir immer auf dieselbe Mondseite, seine Vorderseite. Die Mondrückseite wurde erst von Raumsonden erforscht.

Warum verändert der Mond ständig sein Aussehen? Er wird, genau wie die Erde, von der Sonne angestrahlt. Deshalb hat er eine helle und eine dunkle Seite. Auf der hellen Seite ist Tag, auf der dunklen Nacht. Meist sehen wir etwas von beiden Seiten. Bei einer schmalen Sichel sehen wir nur wenig von der Tagseite, bei Halbmond sehen wir Tag- und Nachtseite zu gleichen Teilen. Nur bei Vollmond wendet er uns ausschließlich seine Tagseite zu. Da der Mond die Erde umkreist, blicken wir jeden Tag etwas anders auf ihn. Das nennt man Mondphasen.

Schau genau hin!

Bereits mit bloßem Auge kannst du dunkle Stellen auf dem Mond erkennen. Das sind die „Mondmeere". In Wahrheit bestehen sie aus dunklerem Gestein, Wasser gibt es dort nicht. Im Fernglas, oder besser in einem kleinen Fernrohr, entdeckst du unzählige Krater. Besonders eindrucksvoll sind sie an der Tag-Nacht-Grenze, denn dort werfen sie lange Schatten.

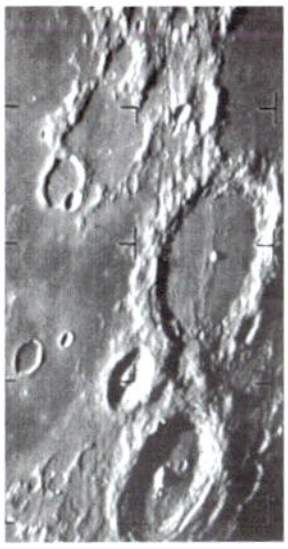

Manchmal passiert bei Vollmond etwas ganz Besonderes: Der Mond verdunkelt sich nach und nach, aber verschwindet nicht völlig – ein schwacher rotbrauner Schimmer bleibt sichtbar. Das ist eine totale Mondfinsternis. Du kannst dir das Schauspiel im Fernglas oder mit bloßem Auge ansehen. Der Grund für die Verfinsterung: Beim Umkreisen der Erde ist der Mond in den Schatten eingetreten, den die Erde ins Weltall wirft. Nach ein paar Stunden ist die Finsternis vorbei, weil der Mond unaufhaltsam weiterkreist. Die nächste totale Mondfinsternis ist am 21. Februar 2008.

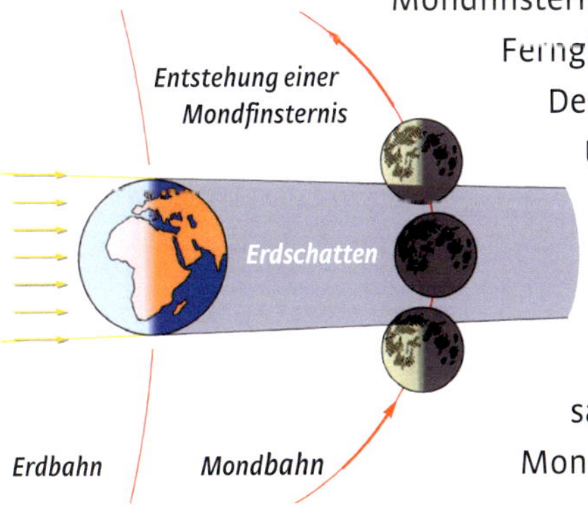

Venus und Merkur

Beide Planeten kreisen nahe der Sonne.

Die Venus kann nur am Abend- oder Morgenhimmel stehen. Sie wird deshalb auch Abend- oder Morgenstern genannt. In Wahrheit ist sie jedoch ein Planet, das heißt übersetzt „Wandelstern“, denn wie die anderen Planeten wandert sie durch die Tierkreissternbilder. Das unterscheidet Planeten von Sternen, die sich untereinander nicht bewegen. Venus kommt der Erde näher als alle anderen Planeten. Sie kann heller leuchten als alle anderen Himmelskörper.

Venus-Express-Sonde

Unser Nachbarplanet Venus zeigt Phasen, wie der Mond. Im Laufe mehrerer Monate kannst du die Venus im Fernrohr als Sichel, als Halbvenus oder fast voll bewundern. Ihre Oberfläche bleibt unsichtbar – Venus ist immer in dicke Wolken gehüllt. Raumsonden fanden etwa 1000 Vulkane dort. Die Temperaturen auf der Venus sind rekordverdächtig: 465 Grad!

Schon gewusst?

Merkur ist selten zu sehen und immer nur in der Dämmerung. Sichtbarkeiten ergeben sich jeweils für wenige Wochen. Sie sind in einem aktuellen astronomischen Kalender, etwa dem Kosmos-Himmelsjahr, aufgeführt. Merkur ist dann entweder abends im Westen oder vor Sonnenaufgang im Osten auszumachen. Er ist immer sehr horizontnah, meist hat man weniger als eine Stunde, um ihn zu finden. Merkur ist der sonnennächste Planet, er umkreist sie in nur 88 Tagen.

Erde

Unser Heimatplanet ist einzigartig.

Lange dachten die Menschen, die Erde sei die Mitte des Weltalls. Doch Astronomen wie Kopernikus, Galilei und Kepler bewiesen, dass die Erde nur einer von mehreren Planeten ist. Heute sind acht Planeten bekannt, alle kreisen um die Sonne. Jeder Planet auf seiner eigenen Umlaufbahn. Mit der Erde haben wir den besten Platz getroffen: Wir halten so viel Abstand von der heißen Sonne, dass hier angenehme Temperaturen herrschen. Anders auf Venus und Merkur: Sie sind der Sonne näher und tagsüber höllische Glutöfen. Mars, Jupiter, Saturn, Uranus und Neptun sind dagegen weiter von der Sonne entfernt, deshalb ist es dort viel kälter.

Schon gewusst?

Wenn du nicht gerade im Meer schwimmst, dann bewegst du dich auf der festen Erdoberfläche. Auch die Mondoberfläche ist fest, Astronauten sind dort schließlich spazieren gegangen. Jupiter, Saturn, Uranus und Neptun haben jedoch keine festen Oberflächen, deshalb können dort keine Raumschiffe landen. Ihre Monde dagegen enthalten meist viel Eis und haben eine harte Kruste.

Blick auf die Erde aus der ISS (siehe Seite 51)

Auf keinem Planeten außer der Erde gibt es Luft zum Atmen. Zwar hat der Mars eine dünne Mars-Luft, doch sie enthält keinen Sauerstoff. Merkur hat überhaupt keine Atmosphäre. Unsere einzigartige Erde müssen wir also pfleglich behandeln.

Mars

Der Rote Planet ist der Erde am ähnlichsten.

Der Mars ist im Sonnensystem unser Nachbar. Manchmal ist er für einige Wochen die ganze Nacht zu beobachten. Dann ist er der Erde besonders nah und dadurch besonders hell. Du erkennst ihn auch an seinem roten Licht. Das passiert wieder zu Weihnachten 2007, wenn der Mars durch das Sternbild Zwillinge wandert. Im Januar 2010 kommt er uns erneut nahe. Doch auch in der Zwischenzeit kann man Mars häufig beobachten. In den griechischen Sagen ist Mars der Gott des Krieges.

Mars ähnelt der Erde stärker als alle anderen Planeten. Die dünne Mars-Luft enthält jedoch keinen Sauerstoff, ein Mensch würde dort

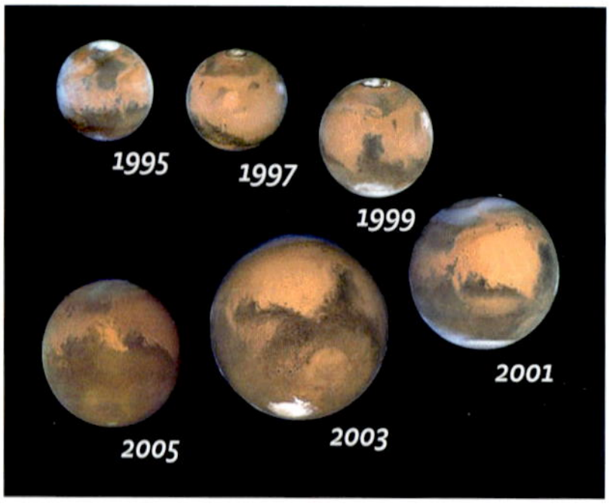

Wenn Mars groß ist, steht er uns besonders nah.

Schau genau hin!

Am Marsnordpol kannst du in einem mittleren Fernrohr einen hellen Fleck erkennen: die vereiste Polkappe. Du brauchst dazu die größte Vergrößerung. Wenn am Nordpol gerade Mars-Winter ist, ist die Kappe besonders groß. Am Südpol gibt es ebenfalls eine Eiskappe. Meist ist nur eine einzige Kappe zu sehen. Manchmal tauchen weitere weißliche Gebiete auf: Eiswolken, die viele Kilometer hoch über die Marsoberfläche ziehen. Im Fernrohr siehst du außerdem helle und dunkle Flecken: Das sind Wüsten. Der Boden dort hat unterschiedlich helle Farben.

immer einen Raumanzug brauchen. Auf dem Mars gibt es auch Frühling, Sommer, Herbst und Winter. Doch nur an Sommertagen ist es auf dem Mars einigermaßen erträglich, weil der Planet weiter von der Sonne entfernt ist als unsere Erde. Nachts und im Winter wird es sehr kalt. Raumsonden haben riesige Vulkane auf dem Mars gefunden, die vielleicht immer noch Feuer spucken.

Schon gewusst?

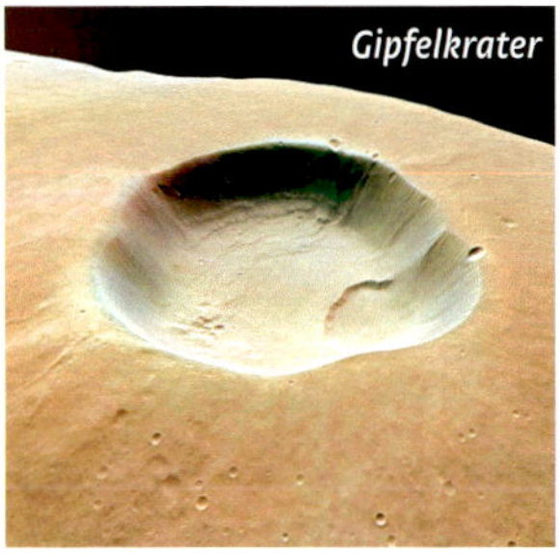
Gipfelkrater

Fast vierzig Raumsonden mit Ziel Mars wurden bislang gestartet. Einige flogen nur kurz vorbei, andere umkreisten den Roten Planeten. Aus der Umlaufbahn schicken sie ständig neue Bilder. Manche sind so scharf, dass sie noch einen Kettcar auf der Oberfläche zeigen würden. Seit 2004 fahren dort zwei ferngesteuerte Marsautos der Nasa. Beide haben schon viele Kilometer zwischen Kratern und Sanddünen zurückgelegt. Sie fotografieren alles, was ihnen vor die Kamera kommt, und untersuchen mit ihren automatischen Geräten das Marsgestein.

Staub und Eis auf dem Mars

Eine der Marssonden fand Spuren eines früheren Sees auf dem Mars. Vor langer Zeit, bevor Mars zur trockenen Wüste wurde, gab es dort also Wasser. Manche Wissenschaftler vermuten, das sich damals auch Leben bildete. Konnte es an geschützten Orten bis heute durchhalten? Zukünftige Raumsonden oder Astronauten müssen das herausfinden.

Jupiter

Der größte Planet im Sonnensystem ist oft zu sehen.

Schau genau hin!

Schon in einem kleinen Fernrohr erkennst du auf dem Jupiter dunkle Streifen. Das sind Wolkenbänder nahe des Jupiteräquators. Wer genau hinsieht erkennt, dass Jupiters Form einer zusammengedrückten Apfelsine ähnelt. Die Forscher nennen das Abplattung. Ein mittleres Fernrohr zeigt schon in wenigen Stunden Veränderungen an Jupiters Wolken. Das liegt daran, dass sich der Planet in weniger als zehn Stunden einmal um sich selbst dreht. Die Erde braucht dafür immerhin 24 Stunden.

Von allen Planeten ist Jupiter der größte, er ist sogar 318-mal schwerer als die Erde! Dabei besteht er fast nur aus Gas, wie alle äußeren Planeten. Etwa alle 13 Monate sind sich Erde und Jupiter besonders nah, dann ist er die gesamte Nacht zu sehen. Das passiert zum Beispiel im Juli 2008. Sein weißes Licht leuchtet dann sehr hell, Jupiter ist dadurch leicht zu finden. In der griechischen Götterwelt ist Jupiter der mächtigste Gott.

Jupiters Großer Roter Fleck ist ein riesiger Wirbelsturm, mehr als doppelt so groß wie unsere Erde. Doch anders als bei uns ist dieser Sturm nicht nach ein paar Tagen vorbei. Der GRF, so bezeichnen ihn die Astronomen, wird seit Jahrhunderten beobachtet. Kleinere Wolkenwirbel in Jupiters Atmosphäre entstehen dagegen immer wieder neu. Manchmal stoßen zwei zusammen und verschmelzen.

Der Jupiter hat über 60 Monde. „Mond“ ist nämlich nicht der Name unseres Erdmondes, sondern die Bezeichnung für den Begleiter eines Planeten. Die vier hellsten Jupitermonde findest du mit einem Fernglas. Da sie den Planeten schnell umkreisen, wechseln sie täglich ihre Stellung. Besonders nah am Jupiter steht „Io“, er braucht weniger als zwei Tage für den kompletten Umlauf. Europa macht das in weniger als vier Tagen. Ganymed und Kallisto brauchen etwa sieben und 17 Tage. Ganymed ist der größte Mond im ganzen Sonnensystem.

Jupiter und sein Mond Io

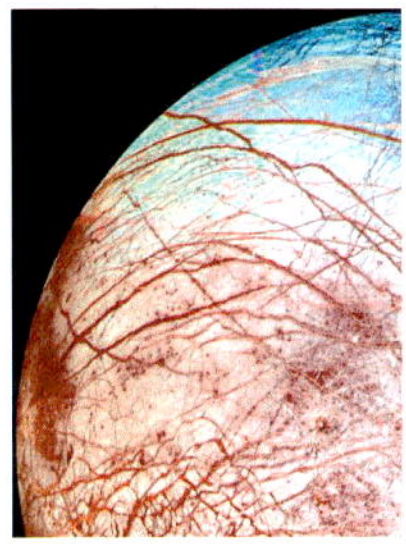

Jupitermond Europa

Der Jupitermond Io ist etwa so groß wie unser Mond. Doch er sieht ganz anders aus: Seine Oberfläche ist orange und gelb – Forscher haben sie deshalb mit einer Pizza verglichen. Das kommt vom vielen Schwefel, den Vulkane ständig ausspucken. Die Feuerberge auf Io sind so aktiv, dass in wenigen Jahren einige Gebiete stark verändert wurden. Das konnten Raumsonden fotografieren. Der Mond Europa dagegen ist eine Eiswüste.

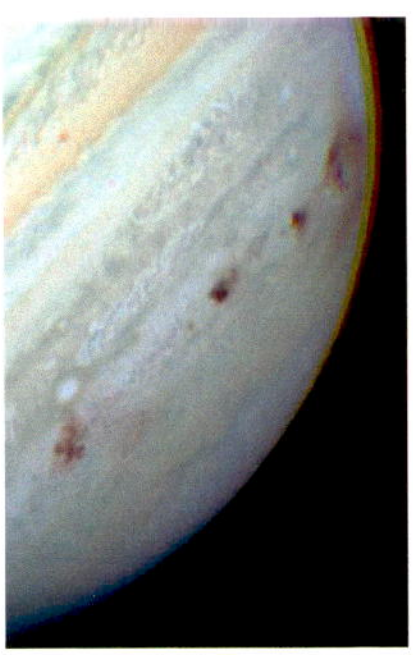

Schon gewusst?

Im Jahr 1994 stürzte der Komet Shoemaker-Levi-9 auf den Jupiter. Astronomen hatten das vorausberechnet und konnten im richtigen Moment ihre Fernrohre auf den Jupiter richten. Vor dem Zusammenstoß zerbrach der Komet. Die Bruchstücke schlugen in Jupiters Atmosphäre ein und explodierten. Die Galileo-Sonde, die gerade auf dem Weg zum Jupiter war, konnte einen Einschlag live fotografieren; spektakuläre Bilder entstanden.

Saturn

Der sechste Planet ist der schönste: Er hat einen Ring!

Amateuraufnahme

Wenn Saturn günstig steht, gehört er zu den hellsten Objekten am Himmel. Etwa alle 13 Monate ist er für einige Wochen die ganze Nacht zu beobachten. Er leuchtet dann gelblich wie ein heller Stern und ist mit bloßem Auge leicht auszumachen. Um seinen Ring zu erkennen, brauchst du aber ein kleines Fernrohr. Wie Jupiter besteht auch Saturn hauptsächlich aus Gasen.

Saturnringe

Schau genau hin!

Die Ringe werfen einen dunklen Schatten auf Saturn, den du im Fernrohr erkennen kannst. Der Planet selber wirft auch Schatten auf die Ringe. Neben Saturn findest du im Fernrohr einige schwache Lichtflecke, die um Saturn herumwandern: Das sind seine hellsten Monde. Im Jahr 2010 wird man von der Erde aus genau auf die Kante der Ringe sehen. Da sie sehr dünn sind, werden sie dann für einige Wochen unsichtbar sein. In dieser Zeit sieht man die Monde besonders gut.

Der Saturnring besteht aus unzähligen Felsen, Staubkörnern und Eisbrocken. Manche Brocken sind so groß wie Hochhäuser. Diese Mischung umkreist den Planeten und bildet mehrere tausend Einzelringe. Wie diese Ringe entstanden? Möglicherweise wurde einst ein Saturnmond bei einem Zusammenstoß mit einem Asteroiden zerstört. Seine Bruchstücke verteilten sich in der Umlaufbahn und formten die prächtigen Ringe.

Schon gewusst?

Die Raumsonde Cassini war sieben Jahre unterwegs, bis sie 2004 Saturn erreichte. Mittlerweile hat sie dort viele Entdeckungen gemacht und tolle Fotos geschossen. Die Bilder zeigen zum Beispiel, dass auf Saturn starke Stürme toben. Dann rasen die Saturnwolken schneller als ein Formel-1-Rennwagen. Im Januar 2005 landete die Huygens-Sonde auf Titan. Sie war gemeinsam mit Cassini gestartet worden und Huckepack an ihr Ziel gelangt. Erstmals gab es Fotos aus dieser fernen Welt.

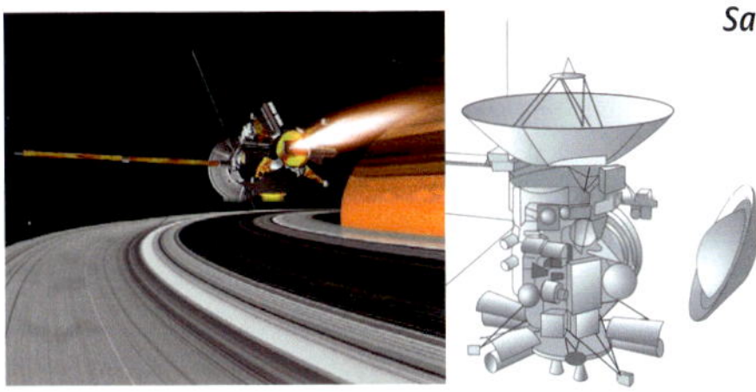

Cassini-Bremsmanöver

Bisher wurden 59 Saturnmonde gefunden, der hellste ist Titan. In besonders klaren Nächten kannst du im Fernrohr weitere erkennen: Davon ist Rhea am besten zu sehen, er steht Saturn meist näher als Titan und umkreist ihn in rund vier Tagen. Die Monde Dione, Tethys und Iapetus lässt man sich am besten in einer Sternwarte zeigen. Der kleine Mond Enceladus spuckt Eiskristalle ins Weltall, die einen eigenen, dunklen Ring bilden.

Saturnmonde

Titan ist zwar ein Mond, doch er ist so groß wie ein Planet und nach dem Jupitermond Ganymed der größte Mond des Sonnensystems. Er umkreist in 16 Tagen den Saturn und ist der einzige Mond mit Atmosphäre. Diese enthält hauptsächlich Stickstoff, genau wie die Luft der Erde. Doch Sauerstoff, den wir zum Atmen brauchen, gibt es nicht. Da Titan viel weiter von der Sonne entfernt ist als die Erde, ist dort alles Wasser gefroren. Es ist sogar so kalt, dass einige Gase flüssig werden. Cassini hat auf Titan ganze Seen aus flüssigem Gas entdeckt.

Titanoberfläche

Uranus und Neptun

Die beiden dunklen Wandelsterne.

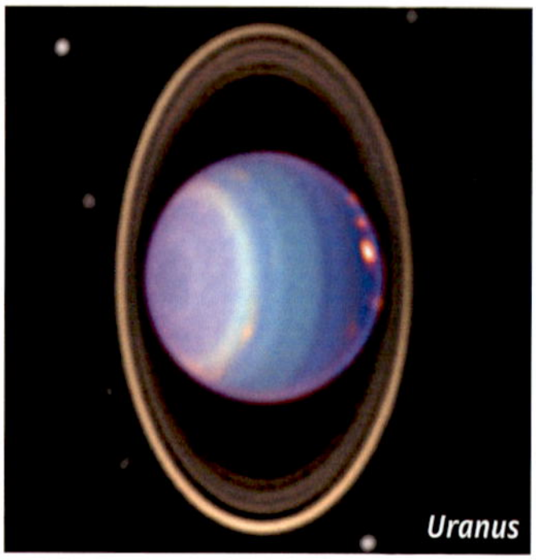
Uranus

Diese beiden wurden erst mit Fernrohren entdeckt, anders als die anderen bisher besprochenen Planeten. Uranus kann zwar gerade noch mit bloßem Auge ausgemacht werden, doch er ist sehr unauffällig. Um ihn zu finden, brauchst du eine aktuelle Aufsuchkarte, wie sie in astronomischen Kalendern abgedruckt sind. Das Gleiche gilt für Neptun. Besser beobachtest du Uranus gleich im Fernglas, für Neptun musst du ein kleines Fernrohr zu Hilfe nehmen.

Schau genau hin!

Etwa einmal pro Jahr sind Uranus und Neptun die ganze Nacht sichtbar. Mitte September 2008 ist das für Uranus der Fall, er steht dann im Sternbild Wassermann. Wenn du ihn aufgespürt hast, kannst du im Fernglas seine grün-bläuliche Farbe erkennen. Er sieht aus wie ein normaler Stern. Im Fernrohr erkennst du ihn bei stärkster Vergrößerung vielleicht als winziges Scheibchen. Das ist bei Sternen anders, sie sind auch im Fernrohr immer nur Lichtpunkte. Neptun ist Mitte August 2008 die ganze Nacht zu sehen. Er steht dann im Sternbild Steinbock.

Beide Planeten sind sehr weit von der Sonne entfernt. Ihr Weg um die Sonne ist deshalb viel länger als für unsere Erde: Uranus braucht 84 Jahre, Neptun fast 165 Jahre für eine einzige Umkreisung der Sonne. Unsere Erde schafft das in einem Jahr.

Neptunmond Triton

Pluto

Erst ein echter Planet, nun ein Zwergplanet.

Pluto und seine drei Monde

In den meisten Astronomiebüchern wird Pluto noch als Planet bezeichnet. Bis zum Jahr 2006 war das auch richtig. Dann wurde er von den Astronomen als Zwergplanet eingestuft. Pluto ist sehr dunkel, weil er sehr klein ist und gleichzeitig sehr weit entfernt um die Sonne kreist. Er braucht dafür fast 248 Jahre. Für das eigene Fernrohr ist er zu dunkel, selbst in Volkssternwarten wird er kaum gezeigt.

Schon gewusst?

Hinter dem Neptun, da, wo auch Pluto seine Bahnen zieht, gibt es noch viele weitere Himmelskörper. 1992 wurde der erste entdeckt, wahrscheinlich kreisen dort Zehntausende von ihnen. Manche sind sogar größer als Pluto. Diese Zone nennt man Kuiper-Gürtel. Die Astronomen sind überzeugt: Von dort stammen viele Kometen. Sie sollen Bruchstücke der geheimnisvollen Kuiper-Himmelskörper sein. Auch der größte Neptunmond Triton könnte ursprünglich aus dem Kuiper-Gürtel stammen.

Pluto-Sonde

Pluto wurde 1930 entdeckt. Erst glaubte man, einen großen neuen Planeten gefunden zu haben. Doch im Laufe der Jahre wurde klar, dass er viel kleiner war als ursprünglich gedacht. Heute weiß man: Er ist sogar viel kleiner als unser Mond! Pluto selbst hat drei Monde, sie heißen Charon, Nix und Hydra. Auf Pluto herrschen dauerhaft Temperaturen unter minus 200 Grad. Seit 2006 fliegt eine Nasa-Sonde zum Zwergplaneten. Sie soll im Juli 2015 dort ankommen.

Kometen und Meteorite

Wenn das Weltall uns besucht.

Immer wieder tauchen überraschend Kometen am Himmel auf. Es sind Brocken aus Eis, Staub und Steinen, die um die Sonne kreisen. Man nennt sie auch Kometenkerne. Die meiste Zeit sind sie recht unauffällig. Wenn ein Kometenkern jedoch in die Nähe der Sonne kommt, schießen durch die Sonnenwärme ganze Fontänen aus Gas und Staub aus ihm heraus: Ein Kometenschweif entsteht. Er reicht dann weit hinaus ins Weltall. Deshalb heißen Kometen auch Schweifsterne.

Komet McNaught 2007

Berühmt ist der Halleysche Komet. Alle 76 Jahre kommt er in Sonnennähe, zuletzt war das 1986. Damals flogen mehrere

Komet Borelly mit Deep-Space-1-Sonde

Schau genau hin!

Jedes Jahr in den Tagen um den 12. August sind besonders viele Sternschnuppen zu sehen. Es scheint so, als würden die Schnuppen aus dem Sternbild Perseus kommen, deshalb nennt man sie Perseiden. Warum passiert das immer im August? Unsere Erde kreuzt zu diesem Zeitpunkt die Bahn des Kometen Swift-Tuttle, der die Sonne in 133 Jahren umkreist. Auf seiner Bahn haben sich viele Staubkörner angesammelt, die er mit der Zeit ausgestoßen hat. Wenn dieser Staub in unsere Luft eindringt, verglüht er – und wir sehen Sternschnuppen!

Raumsonden dem Halleyschen Kometen entgegen. Die europäische Sonde Giotto schoss als Erste ein Foto von seinem Kern. Im Jahr 2005 krachte die Nasa-Sonde Deep Impact in einen anderen Kometenkern, um zu erforschen, wie es unter der Oberfläche aussieht. 2014 wird es besonders spannend: Dann soll die Rosetta-Sonde sogar auf einem Kometen landen.

Steinmeteorit in Libyen

Schon gewusst?

Asteroiden können zerbrechen, zum Beispiel bei Zusammenstößen. Wenn solche Weltraumsteine auf die Erde fallen, nennt man sie Meteorite. Jedes Jahr werden tausende von ihnen gefunden. Seltene Stücke sind sogar richtig wertvoll. 2002 fand ein Berliner Sternfreund einen kostbaren Meteoriten nahe des bayrischen Schlosses Neuschwanstein. Er verkaufte ihn dem Land Bayern. Jetzt kannst du den Stein im Rieskrater-Museum in Nördlingen bewundern. Das Museum steht genau an der Stelle, wo vor fast 15 Millionen Jahren ein riesiger Brocken einschlug. Noch heute sind die Wälle des kilometergroßen Kraters zu erkennen.

Asteroid Itokawa

Zwischen Mars und Jupiter umkreisen besonders viele kleine Planeten die Sonne. Anders als Kometen bestehen sie größtenteils aus Gestein. Sie sind nur mit dem Feldstecher oder im Fernrohr zu beobachten. Zusätzlich braucht man dazu aktuelle Aufsuchkarten. Der hellste Asteroid, so nennen Astronomen diese sehr kleinen Planeten, heißt Vesta. Ende Oktober 2008 kannst du mit einem Fernglas auf Vesta-Jagd gehen, er ist dann die ganze Nacht zu sehen.

Satelliten

Sie ziehen ruhig über den Nachthimmel.

GPS-Satellit

Über 800 aktive Satelliten umkreisen die Erde. Das bedeutet, dass du leicht einen findest. Selbst bei mäßigen Lichtverhältnissen fallen die mittelhellen Lichtpunkte auf, die wie ein Flugzeug über den Himmel ziehen, allerdings ohne zu blinken.

Die niedrigsten Satelliten fliegen in einer Höhe ab 200 km. Die Iridium-Satelliten, die Telefonverbindungen zu jedem Punkt der Erde ermöglichen, kreisen schon 780 km hoch. Hat das Auto deiner Eltern ein Navi-System? Das funktioniert mit den Satelliten des Globalen Positionssystems GPS. Wenn Satelliten 35 800 km hoch fliegen, umkreisen sie die Erde nur einmal pro Tag, sie scheinen deshalb am Himmel stillzustehen. Von solchen Satelliten kommt ein Teil der Fernsehprogramme, deshalb zeigen „Satellitenschüsseln“ immer zum selben Punkt am Himmel.

Raumstation Mir und Space Shuttle Atlantis

Schau genau hin!

Sogenannte Iridium-Blitze sind selten, aber vielleicht hast du Glück und siehst einen. Sie sind so hell, dass immer wieder Bürger bei Polizei und Feuerwehr anrufen, weil sie meinen, ein Ufo gesehen zu haben. Sie entstehen, wenn das Sonnenlicht von einem Bauteil eines Iridium-Satelliten für wenige Sekunden sehr hell gespiegelt wird.

Raumstation ISS

Im All entsteht das größte internationale Projekt der Geschichte.

Schon gewusst?

Essen in der Schwerelosigkeit ist kompliziert: Mensch und Mahlzeit müssen angeschnallt werden, alle Flüssigkeiten bleiben verpackt und werden per Strohhalm aufgesogen, auch Tee und Suppen. Da die ISS keinen Kühlschrank hat, sind die meisten Gerichte gefriergetrocknet. Frisches Obst gibt es nur, wenn ab und zu ein Space Shuttle oder eine Sojus-Kapsel vorbeischauen. Das Essen schmeckt also eher mäßig.

Wenn du regelmäßig den Sternenhimmel beobachtest, wirst du auch mal das helle, gleichmäßige Licht der ISS beobachten können. Wie ein Planet leuchtet sie nicht selbst, sondern wirft das Licht der Sonne auf die Erde. Wenn du ganz sichergehen willst, dass du die ISS siehst, kannst du unter www.heavens-above.com zuerst die Längen- und Breitengrade deiner Stadt herausfinden und diese in das ISS-Suchfenster eingeben. Diese Internetseite gibt es nur auf Englisch.

Die ISS fliegt 350 km hoch.

Seit 1998 bauen die USA mit Russland und den meisten europäischen Raumfahrtnationen diese Raumstation. Kanada, Japan und Brasilien machen auch mit. Häufig arbeiten auf der ISS drei Astronauten. Die russischen Raumfahrer haben die größte Erfahrung mit Raumstationen, denn während die Amerikaner zum Mond flogen, bauten sie bereits erste Stationen in der Umlaufbahn. Den Weltrekord im All-Leben mit 804 Tagen hält dann auch der Russe Sergei Krikaljow. Europäischer Rekordhalter ist Thomas Reiter, er flog zur ISS und zur russischen Raumstation Mir.

Nebel aus Staub und Gas

Hier werden Sterne und Planeten geboren.

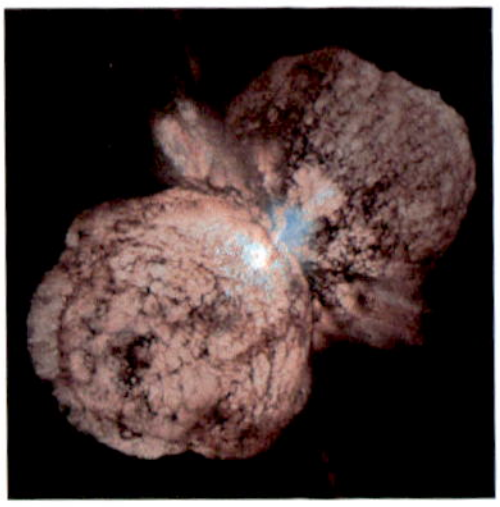

Homunkulus-Nebel um den Stern Eta Carina

Nicht nur Sterne und Planeten kreisen im All: Auch Gas und Staub schwirrt dort umher. Wenn sich riesige Wolken daraus zusammenballen, kannst du sie mit einfachen Mitteln beobachten: Oft reicht ein Fernglas oder ein kleines Fernrohr. Solche Gas- und Staubwolken sehen dann aus wie graue, neblige Flecken. Der bekannteste ist der Orionnebel (Seite 18). Achtung: Nebel sehen oft ähnlich aus wie Galaxien oder Sternhaufen!

Pferdekopfnebel

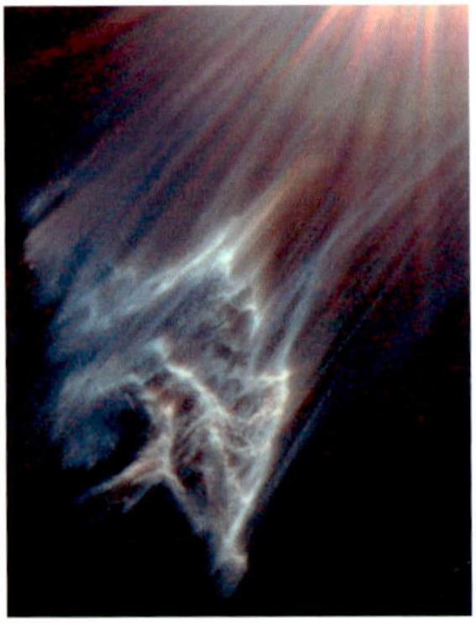

Nebel in den Plejaden

Auf lange belichteten Astrofotos sind echte Nebel klar zu erkennen. Das rote Licht der Nebel kommt meist vom Wasserstoff – das häufigste Gas im Weltall. In den Nebeln wird es von heißen Sternen in der Nähe zum Leuchten gebracht. Blaues oder weißes Nebellicht stammt von etwas kühleren Sternen. Dieses Licht wird am Nebelstaub wie an einem Spiegel zu uns geworfen. In großen Nebeln können sich sogar Gas- und Staubmassen zu neuen Sternen und Planeten zusammenfinden.

Ein heller Gasnebel ist M 8, der Lagunen-Nebel. Er liegt im Sternbild Schütze in einer Gruppe weiterer Messier-Objekte. Du kannst ihn Mitte Juli gegen 23 Uhr tief am Horizont aufspüren, dann steht er genau im Süden. Am Mittelmeer ist er besser zu sehen als in Deutschland.

Schon gewusst?

Manchmal stoßen alte Sterne Gas ins Weltall ab. Das kann passieren, wenn der Stern einen Teil seines Brennstoffes verbraucht hat. Das Ergebnis sieht dann ziemlich unterschiedlich aus. Beispiele sind der Ringnebel M 57 in der Leier (Seite 27) oder der Ameisennebel, der von uns aus unsichtbar am Südhimmel steht. Da solche Nebel früher die Sternforscher an Planeten erinnerten, heißen sie „planetarische Nebel“. Heute wissen wir: Mit Planeten haben sie nichts zu tun. Sie sind sehr lichtschwach, für sie brauchst du auf jeden Fall ein Fernrohr.

Ameisennebel

Planeten gibt es auch außerhalb des Sonnensystems. Um sie von „unseren“ zu unterscheiden, nennt man sie „Exoplaneten“. Den ersten Exoplaneten überhaupt spürten Forscher 1995 auf. Als sie gelernt hatten, wie das geht, fanden sie rasch immer mehr. Heute sind über 200 bekannt. Seit 2006 weiß man, dass auch um den Zwillingsstern Pollux (Seite 22) ein Exoplanet kreist. Er ist etwas schwerer als Jupiter.

Exoplaneten umkreisen einen Roten Zwergstern.

Doppelsterne und Sternhaufen

Doppelstern Albireo im Schwan

Viele Sterne sind keine Einzelgänger.

Manchmal kann man Doppelsterne schon mit bloßem Auge trennen. Man muss aber gute Augen oder zumindest eine gute Brille haben. Solch ein „Augenprüfer" sind Alkor und Mizar im Großen Wagen (Seite 12). Meist geht es aber nicht ohne Fernglas oder Fernrohr. Oft stehen sogar mehr als zwei Sterne zusammen, zum Beispiel beim Stern Epsilon in der Leier (Seite 27). Dort sind es gleich vier Sterne auf einmal.

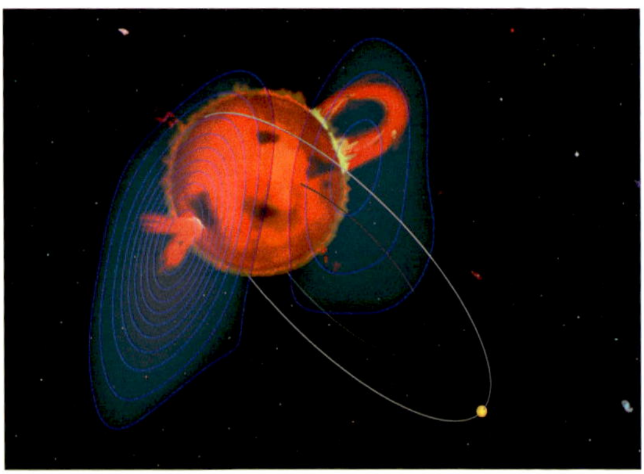
Doppelstern IM Pegasi

Aber nicht alle Sterne, die am Himmel nebeneinander stehen, gehören wirklich zusammen. Tatsächlich können sie auch weit voneinander entfernt sein. Anders die echten Doppelsterne: Sie umkreisen sich und sind beide gleich weit von der Erde entfernt. Der Doppelstern Epsilon im Bootes hat zum Beispiel zu uns einen Abstand von 210 Lichtjahren. Er besteht aus einem hellen gelben Stern mit einen dunkleren bläulichen Begleiter. Du kannst die beiden bei höchster Vergrößerung im Fernrohr bewundern.

Oft drängen sich Sterne auch in großen Gruppen am Himmel. So etwas nennen Astronomen Sternhaufen. Sie unterscheiden zwei unterschiedliche Arten: offene Sternhaufen, Beispiele sind die rund 130 Plejaden-Sterne im Sternbild Stier (Seite 25), oder der Doppelhaufen h und Chi im Perseus (Seite 17). Genau wie unsere Sonne befinden sie sich in den Spiralarmen der Milchstraße. Die offenen Haufen enthalten junge Sterne.

Offener Sternhaufen NGC 290

Kugelhaufen sind die zweite Haufenart. Sie sind viel weiter von uns entfernt als die offenen Sternhaufen und umgeben die Milchstraße in einer Art Wolke. Etwa 150 Kugelhaufen wurden dort bislang gefunden. In ihnen herrscht ein starkes Gedränge, sie enthalten hunderttausende uralter Sterne. Ein bekannter Kugelhaufen im Sternbild Herkules ist M 13. Er ist 23 000 Lichtjahre entfernt – das ist über sechzigmal weiter als bis zu den Plejaden. Ihn kann man an Sommerabenden als nebligen Lichtfleck im Fernglas erspähen (siehe große Sternkarte am Anfang des Buches).

Schon gewusst?

Rund die Hälfte aller Sterne haben mindestens einen Begleiter. Viele von ihnen sind schon gemeinsam entstanden, manche fanden erst später zusammen. Dann fängt sich ein Einzelstern einen Stern auf Wanderschaft ein, der in seine Nähe kommt. Durch seine Schwerkraft zwingt er ihn, dauerhaft bei ihm zu bleiben. Solche Paare erkennt man am unterschiedlichen Alter der beiden.

Kugelhaufen NGC 104

Milchstraße

Unsere Heimat-Galaxie sieht aus wie ein helles Band.

Ab August ist sie besonders gut am Himmel zu sehen, zum Beispiel im Sternbild Schwan. Wenn du im Süden Urlaub machst, kannst du sie auch in den Sternbildern Skorpion oder Schütze sehen. Du brauchst dafür eine klare Nacht ohne störendes Mondlicht und eine dunkle Beobachtungsstelle. Lass deinen Augen ein paar Minuten zur Gewöhnung an die Dunkelheit, dann kann's losgehen. Wenn du ein milchiges Band am Himmel erspähst, bist du fündig geworden: die Milchstraße.

Schon gewusst?

Die Milchstraße ist riesig. Das Licht braucht über hunderttausend Jahre, um von einem Ende zum anderen zu gelangen. Wie alle anderen Sterne umkreist auch unsere Sonne die Mitte der Spirale. Doch weil die Entfernung zur Mitte so gewaltig ist, dauert es 250 Millionen Jahre, bis wir einmal rum sind!

Im Fernglas erkennst du: Das Band besteht aus einzelnen Sternen. Es scheinen unendlich viele zu sein. Lange rätselten die Astronomen, was die Milchstraße sein könnte. Heute weiß man, dass sie ein Spiralnebel ist. Das bedeutet, sie besteht aus Spiralarmen, in denen Milliarden Sterne sind. Dazu gehören alle Sterne an unserem Himmel, auch wenn sie außerhalb des Milchstraßen-Bandes stehen. Warum können wir die Spiralform nicht sehen? Weil wir mittendrin sind!

Galaxien

Die Spiralnebel enthalten Milliarden Sterne.

Schon gewusst?

Unsere Milchstraße und der Andromedanebel M 31 sind Nachbarn. Sie bilden mit einigen anderen einen Galaxienhaufen. Doch manchmal geraten auch Nachbarn aneinander. Astronomen haben berechnet: In einigen Milliarden Jahren werden Milchstraße und M 31 zusammenstoßen! Das wird beide Galaxien ziemlich zerzausen und wohl beide ihre schöne Spiralform kosten.

Galaxien beim Zusammenstoß

Im unauffälligen Sternbild Jagdhunde, zwischen Bootes und dem Großen Wagen, liegt der Nebel M 51. In einem starken Fernglas sieht man nur einen verwaschenen, gräulichen Fleck. Doch auf den Fotos der Astronomen erkennt man einen Spiralnebel. Seine Form ähnelt unserer Milchstraße. Wie sie enthält auch M 51 Milliarden Sterne. Auch der Andromedanebel (Seite 15) ist ein solcher Spiralnebel. Seine Spirale ist nicht gut zu erkennen, weil wir schräg auf den Andromedanebel blicken.

Galaxie M51

Mit Fernrohren findet man zahllose weitere Spiralnebel. Astronomen nennen sie Galaxien. Manche sind eher eiförmig, andere haben gar keine regelmäßige Form, sie sehen aus wie zerzauste Sternenwolken. Ein Beispiel dafür ist die kleine Galaxie, die neben M51 steht. Sie wird von den Anziehungskräften von M 51 verformt.

Planetarien und Sternwarten

Ein Besuch lohnt sich.

Planetarium in Wolfsburg

Viele Städte haben ein Planetarium, und sogar in kleinen Orten gibt es Sternwarten – dort ist die Sicht besser als in Großstädten. Unter www.astronomie.de/gad findest du Planetarien und Sternwarten in deiner Nähe. „Volkssternwarte“ bedeutet einfach, dass jeder willkommen ist, im Gegensatz zu Forschungs-Sternwarten, wo nur Wissenschaftler Zutritt haben.

Schau genau hin!

Auch Sternwarten haben spezielle Programme für Kinder und Jugendliche. Die Beobachtung am Fernrohr ist allerdings eher was für Jugendliche, denn im Sommer wird es sehr spät, bis man die ersten Sterne sieht. Und wenn es bedeckt ist, war das Wachbleiben umsonst. Doch selbst wenn die Bedingungen gut sind, sollte man schon wissen, welchen Stern in welchem Sternbild man gerade betrachtet, sonst sagt einem das Bild wenig. Also: Zuerst ins Planetarium und selber beobachten, dann erst in die Sternwarte.

In einem Planetarium kannst du mitten am Tag einen phantastischen Sternenhimmel sehen: Ein Projektor wirft Bilder der Sterne an eine große Kuppel. Dieser künstliche Sternenhimmel kann schneller vorbeiziehen als in Wirklichkeit, und man kann andere Orte oder ein anderes Datum eingeben. So lernt der Zuschauer in kurzer Zeit viel über die Sterne. Die meisten Planetarien bieten Kinderprogramme sowie Vorführungen für Schulklassen an: ein sehr guter Einstieg in die Sternenkunde.

Die Sternwarten in Deutschland werden kaum noch für Forschung genutzt. Dafür gibt es inzwischen große Observatorien in abgelegenen Ecken der Welt, wo wenig Stadtlicht stört, meist hoch in den Bergen. Die Europäische Südsternwarte befindet sich in Chile auf dem Berg Cerro Paranal in über 2600 m Höhe, das Mauna Kea Observatorium steht auf einem 4200 m hohen Vulkan auf Hawaii. Wenn das „Large Binocular Telescope“ in Arizona fertig ist, wird es sogar noch besser sein als diese beiden.

Schon gewusst?

Die schärfsten Bilder von weit entfernten Nebeln und Galaxien machen inzwischen Fernrohre im All. Das berühmteste ist „Hubble“: Seit 1990 kreist es um die Erde und schickt richtig gute Bilder – seitdem Nasa-Astronauten ihm 1993 eine „Brille“ verpassten. Mittlerweile hat Hubble Konkurrenz bekommen: Das amerikanische Spitzer-Teleskop sucht nach Wärmestrahlen und „XMM“-Newton schießt Röntgenbilder von den Sternen. Ab 2008 stößt das europäische Herschel-Fernrohr hinzu.

Paranal-Observatorium

Die Europäische Südsternwarte liegt nicht nur hoch, sie befindet sich auch in einer der trockensten Wüsten der Erde. Das Wasser muss mit Tanklastzügen gebracht werden. Jede Nacht beobachten Forscher aus aller Welt für jeweils ein paar Tage oder Wochen den Sternenhimmel, tagsüber schlafen sie in abgedunkelten Zimmern. Die Wissenschaftler arbeiten immer nur ein oder zwei Wochen, dann können sie sich in ihren Heimatstädten von der Einöde erholen.

Register

Schnelle Suche mit Stichwörtern

Mit Kosmos die Natur entdecken

- Der kindgerechte Naturführer mit den 50 wichtigsten einheimischen Blumen.
- Einfach: Wie erkenne ich die Blume? Wichtig: Wo wächst die Pflanze und wie finde ich sie?

Ursula Stichmann-Marny
Mein erstes
Was blüht denn da?
64 Seiten
103 Abbildungen

€ 6,95
€/A 7,20; sFr 13,90
ISBN 978-3-440-10500-9

- Beobachten, entdecken, bestimmen – so können Kinder die Vögel in ihrer Umgebung kennen lernen.
- Von Amsel bis Zaunkönig – die 50 wichtigsten Vögel.

Haag/Walentowitz
Mein erstes
Was fliegt denn da?
64 Seiten
102 Abbildungen

€ 6,95
€/A 7,20; sFr 13,90
ISBN 978-3-440-09560-7

KOSMOS

www.kosmos.de

Preisänderungen vorbehalten

Sterne entdecken mit einem Dreh

Hahn/Weiland
Nachtleuchtende Sternkarte für Einsteiger
Sternkarte (29 x 24cm), Anleitungsheft
€ 12,90; €/A 13,30; sFr 24,90 (Preisänderung vorbehalten)
ISBN 978-3-440-07923-2

- Ein Dreh genügt, und schon sieht man auf der Sternkarte den aktuellen Sternenhimmel über Mitteleuropa.
- Das praktische Anleitungsheft bietet eine leicht verständliche Einführung in die Himmelsbeobachtung.

www.kosmos.de

KOSMOS

Unser Sonnensystem